Inhalt

Mittelalter

Autorin: Alexandra Hauser

Entdecker und Eroberer

Autorin: Alexandra Hauser

Anmerkung: Insgesamt empfiehlt es sich, zu beiden Einheiten Anschauungsmaterialien auszulegen und zur Verfügung zu stellen. Zu vorliegenden Themen kann man sich auch einen Medienkoffer bei Stadtbibliotheken zusammenstellen lassen.

Die **Autorin:**

Alexandra **Hauser** studierte Grund- und Hauptschullehramt. Während ihrer Ausbildung erwarb sie das Montessori-Diplom am Institut für ganzheitliches Lernen sowie das Hochschulzertifikat in Klinischer Psychologie an der PH Freiburg. Seit ihrem Abschluss 2013 unterrichtet sie als Klassenlehrerin jahrgangsgemischte Lerngruppen an einem Sonderpädagogischen Bildungs- und Beratungszentrum mit Förderschwerpunkt emotional sozial in Baden-Württemberg.

Abkürzungen und Siglen

LS = Lernspirale
LV = Lehrervortrag
EA = Einzelarbeit
PA = Partnerarbeit
GA = Gruppenarbeit
PL = Plenum
HA = Hausarbeit/Hausaufgabe
L = Lehrerin oder Lehrer
S = Schülerinnen und Schüler

In den Erläuterungen zur Lernspirale wird für Lehrerinnen und Lehrer bzw. Schülerinnen und Schüler ausschließlich die männliche Form verwendet: Dabei ist die weibliche Form stets mitgemeint.

Lerneinheit 1: Mittelalter

Der Lern- und Arbeitsprozess

A Vorwissen und Voreinstellungen aktivieren

LS 01 **Das Mittelalter – lebendige Vergangenheit**
▶ einen fehlerhaften Text lesen und markieren ▶ Fehler in GA Text vergleichen und Meinungsverschiedenheiten besprechen ▶ auf Basis der GA und mithilfe von Abbildungen in Tandems eine Zeitleiste erstellen ▶ Zeitleiste im Austausch mit anderen Tandems ergänzen ▶ Ergebnisse präsentieren

LS 02 **Gesellschaftssystem des europäischen Mittelalters – Adel, Klerus und Bauern**
▶ Rollenkarte lesen und gruppenintern die Rolle klären ▶ Rollenspiel durchführen, Notizen machen, Szene filmen ▶ Rückmeldung geben und das Geschehen interpretieren ▶ Videomitschnitt sichten ▶ Spielbericht schreiben ▶ Rollenspiel präsentieren und reflektieren

B Neue Kenntnisse und Verfahrensweisen erarbeiten

LS 03 **Alltag im Kloster – ein Leben lang für Gott?**
▶ Interview mit einem Mönch lesen ▶ in GA Sachfragen besprechen ▶ Interview in Tandems mündlich nachspielen ▶ Interviewversion vorstellen und besprechen ▶ auf Basis des Interviews einen Zeitungsartikel verfassen ▶ Interview präsentieren und reflektieren

LS 04 **Nichts als Arbeit – die Welt der Bauern auf dem Land**
▶ Fragen besprechen und Tandems bilden ▶ 2–3 Stationen durchlaufen ▶ sich je einer Station zuordnen, sich dazu äußern und Arbeitsprobleme besprechen ▶ weitere 2–3 Stationen durchlaufen ▶ Spezialisierung: je eine Stationenkennziffer ziehen und Stationenberichte vorbereiten

LS 05 **Edel, mutig und tapfer – „Warn's so, de oiden Rittersleit?"**
▶ Liedtext lesen, Sprache und Inhalt durchdenken und Fragen notieren ▶ in GA Fragen zum Lied klären ▶ Erkenntnisse zusammentragen ▶ Erkentnisse präsentieren und reflektieren ▶ Lückentext ausfüllen und Wappen gestalten ▶ Ausstellung der Wappen

LS 06 **Krieg und Minne – die Welt der Burgen und Schlösser**
▶ Sachtext zu Bewohnern einer Burg lesen und markieren ▶ im Tandem Unklarheiten besprechen ▶ Steckbriefe erstellen ▶ in PA präsentieren ▶ Steckbrief präsentieren und reflektieren ▶ Schaubild beschriften

LS 07 **Mittelalterliche Stadt – Spurensuche hinter den Mauern**
▶ im Tandem überlegen, wie man im Schulbuch etwas nachschlagen kann ▶ in PA austauschen ▶ Nachschlagen und Informationen herausschreiben ▶ Rechercheergebnisse in GA vergleichen und methodische Schwierigkeiten thematisieren ▶ Spickzettel erstellen ▶ in Mischgruppe präsentieren ▶ Spickzettel reflektieren ▶ Erkundungsvorhaben erläutern ▶ Vorgehensweise bei Erkundungsarbeit ausdenken und Fragen notieren ▶ Erkundungsbogen in GA erstellen ▶ Erkundung durchführen ▶ Reflexion und Auswertung ▶ Würdigungsbericht schreiben

C Komplexe Anwendungs- und Transferaufgaben

LS 08 **Lebendige Gegenwart – ein mittelalterliches Fest planen und durchführen**
▶ Vorgehensweise bei Projektarbeit überlegen ▶ in GA einen Zeitplan und Maßnahmenkatalog fixieren ▶ zu den Erledigungen des Projektauftrags recherchieren ▶ in den Stammgruppen Recherchebefunde präsentieren und Projektergebnisse dokumentieren ▶ Ergebnisse präsentieren, gegenseitig Rückmeldung geben ▶ Optimierungen fixieren und Aufgaben aufteilen ▶ Projekt durchführen ▶ Aussicht auf weitere Projekte reflektieren

Lerneinheit 2: Entdecker und Eroberer

Der Lern- und Arbeitsprozess

A Vorwissen und Voreinstellungen aktivieren

LS 01 **Karl der Große – Eroberer und „Vater Europas"**
▶ Infotext zu Karl dem Großen lesen ▶ im Plenum austauschen ▶ eine Geschichtskarte betrachten ▶ Kartenarbeit in PA reflektieren ▶ Regeln und Tipps zum Auswerten einer Geschichtskarte erarbeiten ▶ Geschichtskarte auswerten und Erkenntnisse notieren ▶ einzelne Ergenisse im Plenum präsentieren ▶ die Frage, warum Karl der Große „Vater Europas" war diskutieren ▶ Regeln in den Methodenhefter übernehmen

LS 02 **Ohne Erfindungen keine Entdeckungsfahrten – bedeutende Erfindungen kennenlernen**
▶ Abbildungen verschiedener Erfindungen betrachten ▶ Abbildung auswählen und Assoziationen aufschreiben ▶ in PA Assoziationen vorstellen ▶ Unklarheiten in GA beseitigen ▶ in Tandems AB bearbeiten ▶ Ergebnisse präsentieren ▶ Ergebnisse reflektieren

B Neue Kenntnisse und Verfahrensweisen erarbeiten

LS 03 **Marco Polo – der jüngste Entdecker**
▶ Infotext zu Marco Polo lesen und markieren ▶ Unklarheiten in PA beseitigen ▶ ein Rätselschema entwerfen ▶ in GA auf Fragen einigen und eigenes Kreuzworträtsel entwerfen ▶ endgültiges Rätsel fertigstellen ▶ Rätsel mit probeweiser Bearbeitung austauschen ▶ Rückmeldung geben und inhaltliche Fragen klären

LS 04 **Kolumbus, Gama und Magellan – westwärts nach Osten?**
▶ Infotext zu verschiedenen Entdeckungsfahrten bearbeiten ▶ Unklarheiten in PA austauschen ▶ Regeln und Tipps zum Auswerten einer geografischen Karte erarbeiten ▶ Seewege der verschiedenen Seefahrer in Karte einzeichnen ▶ in Expertengruppen jeweils eine Entdeckungsfahrt bearbeiten ▶ Plakatgestaltung ▶ Ergebnisse im Plenum präsentieren ▶ Regeln in den Methodenordner übernehmen

LS 05 **Auf der Jagd nach Gold – europäische Konquistadoren plündern die Schätze der Maya und Inka**
▶ historische Bildquellen betrachten und Assoziationen notieren ▶ in PA oder Bilder austauschen ▶ Regeln und Tipps zum Auswerten einer Bildquelle erarbeiten ▶ eine Bildbeschreibung verfassen ▶ Bildbeschreibung präsentieren und im Plenum Feedback geben ▶ Regeln in den Methodenordner übernehmen

LS 06 **Europäisierung der Welt – Christoph Kolumbus und die Folgen für die „Wilden"**
▶ einen Basistext zur Eignung des Internets lesen und markieren ▶ in Tandems Chancen und Gefahren reflektieren ▶ Rechercheauftrag lesen und Suchbegriffe klären ▶ mittels Suchmaschinen an relevante Informationen gelangen ▶ Suchergebnisse in einem Statement zusammenfassen ▶ Statement präsentieren und reflektieren

C Komplexe Anwendungs- und Transferaufgaben

LS 07 **Aufbruch in die Neuzeit – Befreiung von Vorschriften und Verboten des Mittelalters**
▶ durch Fantasiegeschichte zum Thema hinführen lassen ▶ einen Brief schreiben ▶ in Tandems gegenseitig die Briefe vorlesen und darüber sprechen ▶ in GA den aussagekräftigsten Text auswählen ▶ Urheber der ausgewählten Texte präsentieren ▶ über Texte im Plenum austauschen

LS 08 **Das Weltbild im Wandel – neue Wege, neue Ideen, neuer Glaube**
▶ Thesenpapier bearbeiten ▶ Ankreuzen, inwieweit man den Thesen zustimmt ▶ in Tandems Überlegungen zu den einzelnen Thesen vorstellen ▶ Meinungsverschiedenheiten diskutieren und differenzierte Statements in GA erstellen ▶ Statements präsentieren und diskutieren ▶ Sollbruchstelle Infotext zum Bauernkrieg erarbeiten ▶ in PA austauschen ▶ Spickzettel erstellen ▶ Kurzvorträge in PA halten ▶ Fragen für ein abschließendes Quiz formulieren ▶ Quiz spielen

Hinweis zum Zeitansatz

Zum Teil sind die Lernspiralen für 90 oder 45 Minuten ausgelegt. Manche Lernspiralen sind als längere Einheiten konzipiert. Je nach Größe und Leistungsstärke der Lerngruppe muss der Zeitansatz, der im Stundenraster für jeden Arbeitsschritt ausgewiesen ist, entsprechend angepasst werden.

Beispiel zum Aufbau der Lernspiralen

LS 01.M2

Verweis auf die Aufgabe in der Kopiervorlage **A3**

Verweis auf die Lernspirale und das Material

		Zeit	Lernaktivitäten	Material	Kompetenzen
1	EA	10'	S füllen einen Steckbrief aus.	M1.A1	– Stichpunkte machen – Fragen in vollständigen Sätzen beantworten – Aussagen über die eigene Person formulieren
2	PL/ PA	5'	S führen beim Spiel *music stop* Kennenlerndialoge und benutzen dabei zunächst Fragekärtchen als Hilfestellung.	M1.A2, M2	
3	PL/ PA	5'	S setzen das Spiel ohne Fragekärtchen fort.		
4	EA	5'	S bereiten einen Kurzvortrag über sich vor.	M1.A3	
5	GA	15'	Simultanpräsentation: S stellen sich in Gruppen vor.		
6	PL	5'	Zwei S stellen sich vor der Klasse vor.		

Arbeitsschritte

Unterschiedliche Sozialformen

Hinweise zum Zeitbedarf

Vielfältige Lernaktivitäten und Methodenanwendungen der Schüler

Verweis auf das Material und die Aufgaben in den Kopiervorlagen

Kompetenzen, die die Schüler erwerben können

Notizen:

LS 01 Das Mittelalter – lebendige Vergangenheit

		Zeitrichtwert	Lernaktivitäten	Material	Kompetenzen
1	PL	5'	L gibt einen Überblick über den Ablauf der Stunde.		– auf Basis von Vorkenntnissen einen Fehlertext bearbeiten – Vermutungen anstellen und Problembewusstsein entwickeln – in der Gruppe argumentieren – Texte und Abbildungen erschließen und in einen Zusammenhang bringen – vor einer Gruppe präsentieren – eigene Interessensschwerpunkte reflektieren und äußern
2	EA	10'	S lesen einführenden fehlerhaften Text und markieren gefundene Fehler.	M1.A1, M1.A2, Papier, ggf. M4	
3	GA	20'	S vergleichen in Gruppen ihre Fehler und besprechen Meinungsverschiedenheiten.		
4	PA	25'	S erstellen in Tandems eine Zeitleiste zum Mittelalter.	M2.A1, M3	
5	GA	15'	S vergleichen in Gruppen ihre Ergebnisse. Ggf. korrigieren oder ergänzen sie ihre Zeitleiste.		
6	PL	15'	S präsentieren Ergebnisse im Plenum. L lenkt Unterrichtsgespräch zu ersten Eindrücken und Gedanken zum Thema. S formulieren Fragen.		

Erläuterungen zur Lernspirale

Ziel der Doppelstunde ist, dass die Schüler den Zeitrahmen des Mittelalters kennenlernen sowie wenige wichtige Ereignisse – auf die in der vorliegenden Einheit eingegangen wird – in einen historischen Zusammenhang einordnen können. Da davon auszugehen ist, dass die Schüler sich bereits in der Grundschule in Ansätzen mit dem Thema beschäftigt haben, ist es unumgänglich an dieser Stelle sicherzustellen, dass sie sich mit ihrem themenzentrierten Vorwissen auseinandersetzen, dieses aktivieren und dadurch weiterführende Fragen ausformulieren.

Zum Ablauf im Einzelnen:
Im **1. Arbeitsschritt** gibt der Lehrer einen Überblick über den Ablauf der bevorstehenden Stunde.

Im **2. Arbeitsschritt** lesen die Schüler einen einführenden Text zum Thema (M1.A1), in den sich gravierende Fehler eingeschlichen haben. Sie markieren die gefundenen Fehler (M1.A2). Sollten die Schüler noch nicht mit der Methode des Textmarkierens vertraut sein, steht am Ende der Lernspirale Material (M4) zur Verfügung, welches vorab bearbeitet werden kann.

Im **3. Arbeitsschritt** vergleichen und bestimmen die Schüler in Gruppen, welche Fehler sie gefunden haben. Sie besprechen etwaige Meinungsverschiedenheiten.

Im **4. Arbeitsschritt** bilden die Schüler Tandems und erstellen auf Basis der vorangegangenen Gruppenarbeit und mithilfe von Abbildungen eine Zeitleitste mit größeren Ereignissen des Mittelalters (M2, M3). Hierbei klären und konsolidieren die Schüler ihr Textverständnis.

Im **5. Arbeitsschritt** korrigieren und ergänzen die Schüler den zeitlichen Rahmen des Bildkalenders, indem sie zu je zwei Tandems zusammenkommen und sich austauschen.

Im **6. Arbeitsschritt** werden in einem lehrergelenkten Unterrichtsgespräch die ersten Eindrücke gesammelt. Eine ausgeloste Gruppe präsentiert ihre Zeitleiste. Je nach vorhandener Zeit kann der Lehrer mit den Schülern noch Fragen formulieren, die sie für die anstehende Einheit zum Mittelalter interessieren und auf die näher eingegangen werden soll. So geben die Schüler der Lehrkraft wichtige Hinweise für die weitere Unterrichtsplanung und -gestaltung.
Die Sammlung dieses Fragenkatalogs kann in einem Unterrichtsgespräch oder beispielweise mit der Think-Pair-Share-Methode stattfinden.

Notizen:

✓ **Merkposten**

Es ist hilfreich, sich schon vor der Stunde zu überlegen, wie die Einteilung der Gruppen für die Textarbeit vorgenommen werden soll (z. B. sind auf den fehlerhaften Texten Buchstaben/Zahlen notiert oder man verwendet Spielkarten).

Tipp

Bei der Bearbeitung des Fehlertextes kann notfalls das Schulbuch als Nachschlagewerk für kurze Zeit zugelassen werden. Sehr schwachen Schülern könnte man auch eine Tippkarte mit Zeilenangaben zu fehlerhaften Textstellen oder Sätze der korrigierten Textstellen geben.

Die korrekte Zeitleiste kann verdeckt im Klassenzimmer hängen oder beim Lehrer verfügbar sein, sodass Schüler nach der GA selbständig kontrollieren können.

01 Das Mittelalter – lebendige Vergangenheit

A1 Lege einen Bleistift, einen Radiergummi, ein Lineal, einen Textmarker, einen dünnen Farbstift und einen Zettel bereit und lies dir den folgenden Text durch. Beachte dabei alle Tipps zum Markieren und Unterstreichen von Texten, die du kennst.

A2 In den Text haben sich einige unsinnige Fehler eingeschlichen. Lies den Text nun ein zweites Mal durch. Markiere die fehlerhaften Stellen und notiere auf dem bereitgelegten Zettel deine Korrekturvorschläge. Nutze zur besseren Orientierung die Zeilenangaben.

Seid gegrüßt edle Leserschaft

und lasset Euch erzählen wie es war,
bei uns vor 100 Jahr!

Als Mittelalter bezeichnet man einen Abschnitt der afrikanischen Geschichte. Diese Zeit liegt in der Vergangenheit, ungefähr von Anno Domini 500 bis Anno Domini 1500. Genauer gesagt ist das die Zeitspanne, nach der die Germanen in das Römische Reich einbrachen und dieses zu Ende ging und der Zeit, zu der Christoph Kolumbus den bislang noch unbekannten Kontinent Indien entdeckte. Bis heute kann man in vielen Städten mittelalterliche Gebäude und Mauern sehen: Kirchen und Häuser, die aus dieser Zeit stammen, könnt ihr am klassizistischen Baustil erkennen. Hierfür sind die Spitzbögen typisch, die an einen Zylinderhut erinnern.

Die meisten verbinden mit dem Mittelalter edle Kaufleute und mächtige Hochhäuser und Einkaufszentren. Doch die Mehrheit der Menschen, die im Mittelalter lebten, waren Bauern. Diese litten unter der wirtschaftlichen Macht des Adels, denn dieser hatte beruhend auf Grundbesitz eine Vorrangstellung in der mittelalterlichen Gesellschaft. Wer über Grund und Boden verfügte, besaß auch die Herrschaft über alle auf diesem Land lebenden Leute. Es gab also keinen Staat im modernen Sinne, sondern eine Abhängigkeit, die auf dem persönlichen Verhältnis zwischen dem jeweiligen Herrscher (also Bauern, Fürsten, Rittern und der Kirche) und dem, von ihm in unterschiedlicher Weise, abhängigen Volk. Um Anno Domini 750 wurden erste Klosterschulen gegründet, so konnten wenigstens alle Kinder in die Schule gehen.

Im Frühen Mittelalter (bis 870) herrschten allen voran die Stämme der Sachsen, Bayern und Franken im heutigen Deutschland. Die Stammesanführer hatten eine große Macht. Als Sohn eines fränkischen Hausmeisters und späteren Königs regierte Karl der Kleine als Alleinherrscher und hinterließ seinen Nachfolgern ein riesiges Frankenreich, in dem ab 900 erste Dörfer entstanden.

Als Hochmittelalter bezeich net man die Zeit bis 1250. Ab 1100 ist dies die Hochzeit der Burgen und des Rittertums. Die Krieger zu Kalbe mussten regelmäßig trainieren und benötigten finanzielle Unterstützung für ihre Ausrüstung. Da die Könige sich damals ausschließlich der Landwirtschaft widmen sollten, überstieg dies offensichtlich die Kräfte der Bauern. Vorerst oblag es demnach den adeligen Grundherren, die Ritterkarriere anzustreben. In ganz Europa setzte zudem ein bemerkenswertes Bevölkerungswachstum ein, sodass Wälder abgerodet und seit 1200 zum ersten Mal auch Städte in größerer Zahl gegründet wurden.
Seit der Mitte des 13. Jahrhunderts begann das Spätmittelalter. In den fortschrittlichen Dörfern benötigte man weniger Bauern für die Landwirtschaft, was dazu führte, dass andere Berufe entstanden. Sogenannte Handwerker siedelten sich in den Städten an und organisierten sich schnell zu Zünften (Gemeinschaften von Meistern, Gesellen und Lehrlingen). Diese sollten dafür sorgen, dass wirtschaftliche, kultische und soziale Interessen und Ziele des Handwerks sowie das örtliche Gewerbemonopol sichergestellt sind.
Ab 1300 wurde die Hanse ins Leben gerufen, eine Vereinigung von deutschen Männern, die Hans hießen, die über See eine Art Fernhandel im Nord- und Ostseebereich ins Leben riefen. So konkurrierten sie beispielsweise mit genuesischen, englischen und venezianischen Handelsgebieten und kamen in Kontakt mit orientalischen Gewürzen und anderen Gütern.
Schätze aus dem fernen Amerika machten zunehmend neugierig, sodass 1492 der italienische Seefahrer Christoph Kolumbus im Auftrag Spaniens einen leichteren Weg nach Indien suchte, nach 36 Tagen jedoch zufällig in der Karibik auf der Insel San Salvador landete und damit „Asien“ entdeckt hatte.

Zeitleiste zum Mittelalter

A1 Schneide die Abbildungen aus und ordne sie den passenden Zeitangaben der Zeitleiste zum Mittelalter zu. Bespreche und kontrolliere die Abbildungen mit Mitschülern bevor du sie aufklebst.

Zeitleiste zum Mittelalter

Ende der Antike
Beginn des Mittelalters

476 n. Chr. – 750 n. Chr. – 771–814 n. Chr. – 900 n. Chr. – 1000 n. Chr.

1100 n. Chr. – 1200 n. Chr. – 1300 n. Chr. – 1492 n. Chr. – 1500 n. Chr.

Ende des Mittelalters
Beginn der Neuzeit

✂

Untergang des Römischen Reiches 476	Karl der Große ist Alleinherrscher im Frankenreich 771–814	Zeit der Burgen und Ritter 1100	Beginn der Hanse 1300
Gründung von Klosterschulen 750	Entstehung erster Dörfer 900	Gründung von Städten und Bildung von Zünften 1200	Christoph Kolumbus entdeckt Amerika 1492

Tipps zum Markieren und Unterstreichen von Texten

A Auf diesem Blatt sind sechs Tipps notiert, die dir beim Markieren von Texten helfen. Bringe sie in die richtige Reihenfolge, indem du die Ziffern von 1–6 in die entsprechenden Kästchen schreibst.

◯ Lies den Text erst einmal in Ruhe durch, damit du weißt, um was es geht.

◯ Lies dir das Unterstrichene nochmals durch und hebe nur die allerwichtigsten Begriffe mit dem Textmarker hervor.

◯ Unterstreiche zuerst wichtige Stellen mit Bleistift, denn dann kannst du immer noch etwas ändern.

◯ Lege dir ein Lineal, einen Bleistift, Radiergummi, Textmarker, dünnen Farbstift und einen Zettel auf deinen Arbeitstisch.

◯ Schreibe deine Schlüsselbegriffe auf einen Zettel und schaue nach, ob du mit ihrer Hilfe den Text nacherzählen kannst.

◯ Wenige zusätzliche Informationen, die deine Schlüssebegriffe erklären, darfst du mit einem dünnen Farbstift unterstreichen.

LS 02 Gesellschaftssystem im europäischen Mittelalter – Adel, Klerus und Bauern

		Zeitrichtwert	Lernaktivitäten	Material	Kompetenzen
1	PL	5'	L gibt einen Überblick über den Ablauf der Stunde.		– Empathie mit Menschen aus vergangenen Zeiten zeigen – eine Rolle gemeinsam in einer Gruppe planen und organisieren – Verantwortung für eine Gruppe übernehmen – themen- und situationszentriert argumentieren und improvisieren – zu vorgegebenen Schwerpunkten zuhören und beobachten – den eigenen Lernzuwachs reflektieren und ausformulieren
2	GA	25'	S lesen Rollenkarten und klären die Rollen.	M1. A1, A2 – M5. A1, A2	
3	PL	10'	S führen Rollenspiel durch. Beobachtende S machen Notizen. L filmt das Rollenspiel.	Kamera	
4	PL	10'	Beobachter geben Rückmeldung und interpretieren das Rollenspiel.		
5	EA	10'	S schauen Filmmitschnitt und notieren ihre Eindrücke.	Papier/Karteikarten	
6	PA	15'	S schreiben einen Spielbericht und notieren Lernzuwachs.		
7	PL	15'	S lesen Spielbericht vor. Gemeinsam wird die Stunde reflektiert.		

Erläuterungen zur Lernspirale

Ziel der Doppelstunde ist, dass die Schüler Ordnungsprinzipien von Herrschaft und Gesellschaft im europäischen Mittelalter beschreiben und bewerten können. Insbesondere durch das Rollenspiel erspüren sie die persönlichen Bindungs- und Abhängigkeitsverhältnisse der verschiedenen Stände, die die damalige Kultur stark prägten.

Zum Ablauf im Einzelnen:
Im **1. Arbeitsschritt** gibt der Lehrer einen Überblick über den Ablauf der bevorstehenden Stunde.

Im **2. Arbeitsschritt** lesen die Schüler die ihnen zugeloste Rollenkarte (M1–M5) zuerst alleine durch und klären anschließend gruppenintern, wie die betreffende Person in ihrer Rolle agieren soll. Ziel ist es, die historische Person zum Leben zu erwecken. Dadurch werden alle Gruppenmitglieder auf ihre eventuelle spätere Rolle vorbereitet. Die Gruppe wählt aus, wer später die Rolle spielt.

Im **3. Arbeitsschritt** wird das Rollenspiel durchgeführt. Hierzu führen die ermittelten Gruppenvertreter das Rollenspiel durch. Sie argumentieren und improvisieren während die Zuhörer sich Notizen machen. Der Lehrer filmt die Szene.

Im **4. Arbeitsschritt** äußern sich die Zuschauer zum Spielverlauf und den Akteuren. Sie üben Kritik und interpretieren das Geschehen.

Im **5. Arbeitsschritt** sehen die Schüler den vom Lehrer gemachten Filmmitschnitt des Rollenspiels an und notieren weitere Eindrücke und Einschätzungen.

Im **6. Arbeitsschritt** vertiefen die Schüler durch das Schreiben eines Spielberichts ihr Verständnis. Sie verfassen einen Bericht zum Ablauf und zu den Ergebnissen des Rollenspiels. Zudem notieren sie, was sie erlebt und gelernt haben. Dieser Schritt kann zur gegenseitigen Unterstützung in Tandems stattfinden.

Im **7. Arbeitsschritt** lesen ausgeloste Schüler ihre Spielberichte vor. In einem lehrergelenkten Unterrichtsgespräch wird die Stunde reflektiert und abgeschlossen.

Notizen:

✓ Merkposten

Für Arbeitsschritt 2 stehen fünf verschiedene Rollen zur Verfügung. Die Rollenkarten sollten entsprechend der Klassengröße aufgeteilt und kopiert werden. Für Arbeitsschritt 3 sollten technische Möglichkeit eines Filmmitschnitts verfügbar sein.

Tipp

In Arbeitsschritt 3 ist es ratsam, den Zuschauern verschiedene Beobachtungsaufträge zu geben oder entsprechende Akteure zuzuweisen, sodass sichergestellt ist, dass die wesentlichen Merkmale beobachtet werden. Falls die Einteilung der Gruppen verdeckt und gezielt vonstatten gehen soll, sodass in jeder Gruppe ein Schüler ist, der gerne Rollenspiele macht, kann dies z. B. durch zugewiesene Königskarten geschehen, die restlichen Karten bzw. Arbeitsblätter werden dann wahllos verteilt.

02 Gesellschaftssystem im europäischen Mittelalter – Adel, Klerus und Bauern: Rollenkarten

A1 Lies die Rollenkarte gründlich durch und markiere wichtige und unklare Textstellen.

Rollenkarte Herzog

Die Gesellschaft im Mittelalter hatte eine strenge Ordnung: Im Mittelalter wurde jeder Mensch in eine bestimmte Gesellschaftsgruppe hineingeboren. In den meisten europäischen Ländern gab es drei Stände: den Klerus, den Adel und die Bauern und Bürger. Der König, der seine Macht von Gott erhielt, stand an der Spitze. Er war der oberste Lehensherr, der das Nutzungsrecht an einem Gut, das Lehen, an Vasallen (Adel und Klerus) weitergab. Der König verlieh seinen Vasallen Land und Ämter gegen Schutz und Steuern. Die Bauern wurden von den Vasallen geschützt, mussten das Land bewirtschaften und Abgaben leisten.

Du gehörst dem Stand des Adels (Könige, Fürsten, Ritter) an und befindest dich damit weit oben in der feudalistisch geordneten Gesellschaftspyramide. Als **Herzog** wurdest du in den herrschenden Stand hineingeboren. Du besitzt eine herrschaftliche Burg hoch oben auf einer Hügelspitze. Von hier aus kannst du wunderbar dein gesamtes Reich überblicken. Eine deiner wichtigsten Aufgaben ist es, die Burgbewohner vor Angriffen zu schützen und zu verteidigen. Dabei unterstützen dich deine Knechte und Handwerker, indem sie Kriegsausrüstung für die Ritter herstellen, die mit dir gegebenenfalls in den Krieg ziehen und sich um die Pferde sorgen. Die letzten Jahre hast du deinen Großneffen bei dir auf der Burg, der dort zum Ritter ausgebildet wird. Bald wird er seinen großen Tag erleben und zum Ritter geschlagen. Selbstverständlich kommen immer wieder Kundschafter oder Vögte zu dir herauf, die dir Bericht erstatten, ob die Bauern in den Dörfern fleißig für dich arbeiten und ihre Steuern korrekt abgeben, aber ein bisschen Kontrolle schadet nicht. Heute hast du daher einen ganz besonderen Plan und gehst als Bauer verkleidet auf den Marktplatz der Stadt, um dich mal ein bisschen umzuhören, was die Leute über dich sprechen. Notfalls musst du natürlich deine Stellung verteidigen und Gewalt anwenden, wenn deine Untertanen nicht nach deinem Geschmack reden. Lügner, Diebe und Mörder müssen bestraft werden.

A2 Triff dich nun mit deinen Gruppenmitgliedern. Bereitet gemeinsam vor, wie eure historische Person später in einem Rollenspiel auftreten und agieren soll.
- Was sind die besonderen Charaktereigenschaften?
- Welche Aufgaben hat die Person?
- Was ist der Person besonders wichtig?
- Für wen interessiert sich die Person? etc.

A1 Lies die Rollenkarte gründlich durch und markiere wichtige und unklare Textstellen.

Rollenkarte Ritter

Die Gesellschaft im Mittelalter hatte eine strenge Ordnung: Im Mittelalter wurde jeder Mensch in eine bestimmte Gesellschaftsgruppe hineingeboren. In den meisten europäischen Ländern gab es drei Stände: den Klerus, den Adel und die Bauern und Bürger. Der König, der seine Macht von Gott erhielt, stand an der Spitze. Er war der oberste Lehensherr, der das Nutzungsrecht an einem Gut, das Lehen, an Vasallen (Adel und Klerus) weitergab. Der König verlieh seinen Vasallen Land und Ämter gegen Schutz und Steuern. Die Bauern wurden von den Vasallen geschützt, mussten das Land bewirtschaften und Abgaben leisten.

Du gehörst dem Stand des Adels (Könige, Fürsten, Ritter) an und befindest dich damit in der oberen Hälfte der feudalistisch geordneten Gesellschaftspyramide. Als **Ritter** bist du ein bewaffneter Kämpfer, der mit Rüstung und Ross in den Krieg zieht, um das Land deines Herzogs zu verteidigen oder neue Ländereien zu erobern. Dank deines Vaters, der auch schon Ritter war, hattest auch du die Ehre, die 14-jährige Ausbildung zu durchlaufen. In den ersten sieben Jahren als Page hast du auf der Burg deines Großonkels gelebt und das Schwimmen, das Reiten sowie den Umgang mit dem Schwert gelernt. Mit 14 Jahren wurdest du von einem Priester zum Knappen erhoben und hast treu an der Seite deines Großonkels gedient. Bald schon ist dein großer Tag gekommen. Du wirst 21 Jahre alt. Da du dich die letzten Jahre gut bewährt hast, wirst du endlich zum Ritter geschlagen. Heute begibst du dich auf den Weg zum König. Dabei durchreitest du die nächstgelegene Stadt, denn dort lebt ein nettes Mädchen, des Fleischers Tochter, die du noch heimlich treffen möchtest. Bei deinem Besuch in der Stadt wirst du Teil einer sehr spannenden Unterhaltung auf dem Marktplatz und verteidigst ehrenhaft deinen Großonkel, den Herzog. Du möchtest als tapferer Ritter aber auch den Schwachen helfen. Auf wessen Seite wirst du dich stellen?

A2 Triff dich nun mit deinen Gruppenmitgliedern. Bereitet gemeinsam vor, wie eure historische Person später in einem Rollenspiel auftreten und agieren soll.
- Was sind die besonderen Charaktereigenschaften?
- Welche Aufgaben hat die Person?
- Was ist der Person besonders wichtig?
- Für wen interessiert sich die Person? etc.

A1 Lies die Rollenkarte gründlich durch und markiere wichtige und unklare Textstellen.

Rollenkarte Mönch

Die Gesellschaft im Mittelalter hatte eine strenge Ordnung: Im Mittelalter wurde jeder Mensch in eine bestimmte Gesellschaftsgruppe hineingeboren. In den meisten europäischen Ländern gab es drei Stände: den Klerus, den Adel und die Bauern und Bürger. Der König, der seine Macht von Gott erhielt, stand an der Spitze. Er war der oberste Lehensherr, der das Nutzungsrecht an einem Gut, das Lehen, an Vasallen (Adel und Klerus) weitergab. Der König verlieh seinen Vasallen Land und Ämter gegen Schutz und Steuern. Die Bauern wurden von den Vasallen geschützt, mussten das Land bewirtschaften und Abgaben leisten.

Du gehörst dem Stand des Klerus (Bischöfe, Mönche, Priester) an und befindest dich damit in der oberen Hälfte der feudalistisch geordneten Gesellschaftspyramide. Als **Mönch** lebst du gemeinsam mit deinen Ordensbrüdern in einem Kloster. Du verbringst viel Zeit in der Klosterkapelle mit Beten und nimmst dort an Gottesdiensten teil. Nebenher gibt es aber auch verpflichtende Arbeit auf den Feldern oder in den Werkstätten. Als Mönch hast du das Privileg, lesen und schreiben zu können, allerdings auf Latein, denn dies ist die wichtigste Sprache des Mittelalters und wird weithin in Europa verstanden. Dies hast du in der Klosterschule gelernt und es hilft dir nun dabei, Bücher abzuschreiben, schließlich gibt es noch keinen Drucker oder Kopierer. Manchmal werden in deiner Klosterschule auch Adelige oder wohlhabende Bürger in den Disziplinen Lesen, Schreiben und Rechnen ausgebildet. Dennoch können weitaus nicht alle Menschen deiner Zeit lesen und schreiben und deshalb musst du heute in die Stadt, um die Bürger dort bei Postverkehr und dem Abschluss von Verträgen zu unterstützen. Auf dem Marktplatz trägt sich ein lustiges Schauspiel zu.

A2 Triff dich nun mit deinen Gruppenmitgliedern. Bereitet gemeinsam vor, wie eure historische Person später in einem Rollenspiel auftreten und agieren soll.

- Was sind die besonderen Charaktereigenschaften?
- Welche Aufgaben hat die Person?
- Was ist der Person besonders wichtig?
- Für wen interessiert sich die Person? etc.

A1 Lies die Rollenkarte gründlich durch und markiere wichtige und unklare Textstellen.

Rollenkarte Bauer

Die Gesellschaft im Mittelalter hatte eine strenge Ordnung: Im Mittelalter wurde jeder Mensch in eine bestimmte Gesellschaftsgruppe hineingeboren. In den meisten europäischen Ländern gab es drei Stände: den Klerus, den Adel und die Bauern und Bürger. Der König, der seine Macht von Gott erhielt, stand an der Spitze. Er war der oberste Lehensherr, der das Nutzungsrecht an einem Gut, das Lehen, an Vasallen (Adel und Klerus) weitergab. Der König verlieh seinen Vasallen Land und Ämter gegen Schutz und Steuern. Die Bauern wurden von den Vasallen geschützt, mussten das Land bewirtschaften und Abgaben leisten.

Du gehörst dem Stand der Bauern an und befindest dich damit unten in der feudalistisch geordneten Gesellschaftspyramide. Als **Bauer** lebst du mit deiner Familie in einem kleinen Dorf mit 85 Einwohnern, wo du auch Dorfvorsteher bist. Deine Aufgabe als Dorfvorsteher ist es, die Ab-gaben der Bauern an euren Grundherren zu überwachen. Das Dorf befindet sich gute zwei Tagesmärsche von der nächsten Stadt entfernt. Euer Grundherr ist ein Herzog, der unweit auf seiner Burg lebt. Einmal im Jahr kommt sein Vogt vorbei und holt bei dir die Steuern aus dem Dorf ab. Eigentlich ist der Herzog ein guter Herrscher, er beschützt euch schließlich mithilfe seiner Ritter vor Feinden. Und eigentlich geht es dir als Dorfvorsteher besser als manch anderen Dorfbewohnern. Aber du möchtest dich unbedingt trotzdem für die Rechte der Bauern einsetzen, schließlich schuften sie den ganzen Tag hart und müssen immer wieder einen Teil der Erträge an den reichen Herzog abgeben, sodass kaum genug Essen zur Versorgung der eigenen Familien übrigbleibt. Auf dem Marktplatz der nächsten Stadt kannst du vielleicht Zuhörer finden.

A2 Triff dich nun mit deinen Gruppenmitgliedern. Bereitet gemeinsam vor, wie eure historische Person später in einem Rollenspiel auftreten und agieren soll.
- Was sind die besonderen Charaktereigenschaften?
- Welche Aufgaben hat die Person?
- Was ist der Person besonders wichtig?
- Für wen interessiert sich die Person? etc.

A1 Lies die Rollenkarte gründlich durch und markiere wichtige und unklare Textstellen.

Rollenkarte Bürger

Die Gesellschaft im Mittelalter hatte eine strenge Ordnung: Im Mittelalter wurde jeder Mensch in eine bestimmte Gesellschaftsgruppe hineingeboren. In den meisten europäischen Ländern gab es drei Stände: den Klerus, den Adel und die Bauern und Bürger. Der König, der seine Macht von Gott erhielt, stand an der Spitze. Er war der oberste Lehensherr, der das Nutzungsrecht an einem Gut, das Lehen, an Vasallen (Adel und Klerus) weitergab. Der König verlieh seinen Vasallen Land und Ämter gegen Schutz und Steuern. Die Bauern wurden von den Vasallen geschützt, mussten das Land bewirtschaften und Abgaben leisten.

Als **Bürger** lebst du in der Stadt und gehst einem von vielen Handwerken nach. Da ihr nicht mehr von Grundherren beherrscht werden wolltet, habt ihr Landflucht begangen und Städte gegründet. Hier habt ihr mehr Freiheiten als auf dem Land. Dennoch muss auch hier ein bisschen was geregelt sein und daher habt ihr als Bäcker erst vor kurzem auch eine sogenannte Zunft gegründet. Viele von euch wohnen in der Bäckergasse neben dem Marktplatz. Das Ziel eurer Zunft ist es zum Beispiel, dass nur Menschen dem Bäckerhandwerk nachgehen und ihre Ware auf dem Markt verkaufen dürfen, die es von einem echten Meister eurer Zunft gelernt haben. Da jeder Mensch Fladen oder Brot braucht, verkauft deine Frau die Ware auf dem Marktplatz und tauscht dafür andere Waren ein, die ihr zum täglichen Verzehr benötigt. Heute begleitest du sie zum Marktplatz und wirst Teil eines besonderen Spektakels.

A2 Triff dich nun mit deinen Gruppenmitgliedern. Bereitet gemeinsam vor, wie eure historische Person später in einem Rollenspiel auftreten und agieren soll.

- Was sind die besonderen Charaktereigenschaften?
- Welche Aufgaben hat die Person?
- Was ist der Person besonders wichtig?
- Für wen interessiert sich die Person? etc.

LS 03 Alltag im Kloster – ein Leben lang für Gott?

		Zeitrichtwert	Lernaktivitäten	Material	Kompetenzen
1	PL	5'	L gibt einen Überblick über den Ablauf der Stunde.		– Sachinformationen aus einem Interview herauslesen – mündlich in einer Rolle improvisieren – einen Zeitungsbericht verfassen – eine Meinung ausformulieren und vertreten – vor der Gruppe präsentieren
2	EA	10'	S lesen und markieren den Interviewtext.	M1.A1	
3	GA	15'	S vergleichen Markierungen und klären Sachfragen.		
4	PA	15'	S spielen das Interview nach.		
5	PL	15'	S präsentieren ihre Interviewversion. L lenkt Unterrichtsgespräch mit gezielten Impulsfragen.		
6	PA	55'	S verfassen einen Zeitungsartikel und gestalten ihn aus.	M1.A2	
7	PL	10'	S würdigen Ergebnisse im Museumsrundgang.		
8	PL	10'	S reflektieren ihren Lernzuwachs und äußern ihre eigene Meinung.		

Erläuterungen zur Lernspirale

Ziel der Einheit ist, dass die Schüler den Alltag im mittelalterlichen Kloster nachvollziehen können und die Bedeutung des Gebets im menschlichen Leben reflektieren.

Zum Ablauf im Einzelnen:
Im **1. Arbeitsschritt** gibt der Lehrer einen Überblick über den Ablauf der bevorstehenden Stunde.

Im **2. Arbeitsschritt** lesen die Schüler das Interview mit einem Mönch (M1.A1). Dieser gibt darin Auskunft über seinen Alltag im Kloster. Die Schüler markieren unklare und relevante Textstellen.

Im **3. Arbeitsschritt** vergleichen die Schüler ihre Markierungen und besprechen Sachfragen, die beim Lesen des Interviews aufkamen.

Im **4. Arbeitsschritt** gehen die Schüler in Tandems zusammen und spielen das Interview mündlich nach. Wer Interviewer und wer Mönch ist wird ausgelost.

Im **5. Arbeitsschritt** vertiefen und vergewissern ausgeloste Schülertandems sich ihrer Ergebnisse durch das Präsentieren der jeweiligen Interviewversion. Unter Anleitung des Lehrers findet ein Unterrichtsgespräch statt. Hierzu sollte sich der Lehrer zielführende Impulse und Fragen überlegen.

Im **6. Arbeitsschritt** verfassen die Schüler vor dem Hintergrund des Interviews und des Unterrichtsgesprächs einen Zeitungsartikel zum Thema (M1.A2). Ziel ist es, neben dem Alltag im mittelalterlichen Kloster auch die Bedeutung des Gebets im heutigen Lebensalltag der Jugendlichen herauszuarbeiten. Der Zeitungsbericht soll mit alten Schriftzeichen und der Kunst der Kalligraphie ausgestaltet werden. Den Umfang und den Aufbau des Berichts kann man je nach Kompetenz der Klasse vorgeben.

Im **7. Arbeitsschritt** werden die Ergebnisse in einer Ausstellung gewürdigt. Während eines Museumsrundgangs betrachten und lesen die Schüler gegenseitig ihre Werke. Gerne kann hier ein Gewinner mithilfe der Punkteabfrage oder einer ähnlichen Methode gekürt werden oder gar der beste Text für die Schülerzeitung oder dergleichen auserkoren werden.

Im **8. Arbeitsschritt** reflektieren die Schüler die Stunde und ihren Lernzuwachs. Zudem äußern sie abschließend ihre Meinung bezüglich der Bedeutung des Gebets im heutigen Alltag.

✓ Merkposten

Für das Verfassen und Gestalten der Zeitungsberichte sollten den Schülern entsprechende Quellen (Internet, Sachbücher, …), Tipps und Materialien zur Verfügung stehen. Gut eignet sich auch zum Beispiel ein Alphabet in mittelalterlicher Schrift.

Notizen:

03 Alltag im Kloster – ein Leben lang für Gott?

A1 Lies das Interview und markiere nach den bekannten Tipps und Regeln. Notiere auf einem Zettel Fragen und Gedanken.

Bruder Bonifatius hat sich bereits als 9-jähriger zu einem Leben als Mönch berufen gefühlt. Mit 12 ist er dann in einen Orden eingetreten und lebt seither mit seinen Brüdern im Kloster.

Guten Morgen Bruder Bonifatius. Es ist mir eine Ehre Sie zu treffen. Ich hoffe, Sie haben wohl geruht?

Bruder Bonifatius Guten Morgen. Danke der Nachfrage. Ich bin schon einige Stunden auf den Beinen. Mein Tag ist geprägt von Pflichten und beginnt eine Stunde nach Mitternacht. Dann heißt es Aufstehen und Ankleiden im typisch dunklen Gewand. Zu dieser Zeit beten wir das erste Mal. Das zweite Mal treffen wir uns um 4 Uhr am Morgen, danach finden wir uns um 7 Uhr zum Gebet zusammen. So geht es weiter bis zum nächsten Abend. Vor Sonnenuntergang findet das letzte gemeinsame Gebet in der Kapelle statt. Das letzte Gebet des Tages verrichtet jeder Mönch vor dem Zubettgehen für sich selbst.

Mir scheint sie Beten den ganzen Tag nur?

Bruder Bonifatius Wir beten ungefähr alle drei Stunden, das stimmt. Aber neben dem Beten macht auch das Arbeiten einen Großteil meines Tages aus. Beides hat einen besonderen Stellenwert, so heißt unser Grundsatz auf Latein „ora et labora", was soviel bedeutet wie „Bete und Arbeite". Nach der Mette beim ersten Tageslicht treffen wir uns alle in einem großen Saal und besprechen die Aufgaben, die für den Tag anfallen. Als gleichgesinnte Gemeinschaft streben wir ein gottgefälliges Leben an.

Was kann ich mir darunter vorstellen, wenn Sie von Arbeit sprechen?

Bruder Bonifatius In letzter Zeit wurden immer mehr Klöster gegründet. Sie sind sehr wichtige Orte für unsere Gesellschaft, denn hier gibt es eine Klosterschule, wo auch ich das Lesen und Schreiben gelernt habe. In der Zukunft wird es einen Mann namens Johannes Gutenberg geben, der den Buchdruck erfindet und damit unsere Arbeit erheblich erleichtern wird. Aber momentan gibt es das noch nicht, sodass es unsere Aufgabe ist, Bücher wie die Bibel in lateinischer Sprache abzuschreiben. Dafür haben wir neben der Bibliothek einen Extraraum, das Scriptorium. Auf diese Weise kann unser christlicher Glaube weiterverbreitet werden.

Wenn ich recht informiert bin, gehört zum christlichen Glauben auch das Fasten. Ist es Ihnen als Mönch neben all den Geboten, wie Keuschheit, Gehorsam oder persönlicher Armut, überhaupt erlaubt, sich ein gutes Essen zu gönnen?

Bruder Bonifatius Natürlich, es ist sogar sehr wichtig. Nur ein gesunder Geist ist ein glücklicher Geist. Viele unserer Brüder beschäftigen sich mit der Heilkraft unserer Natur. Wir besitzen Klostergärten, Stallungen und viele Felder. Hier bauen wir Getreide, Gemüse, Obst und Kräuter an. Diese gilt es zu pflegen, sodass die Ernte reich ausfällt. Wir leiden nie wirklich unter Hunger oder Armut und geben gerne etwas von unserem Wohlstand an die Bedürftigen ab. Wir möchten unser Leben lang für Gott arbeiten. Er schenkte uns die Mutter Erde, von ihr dürfen wir täglich ernten. So stehen wir in seiner Pflicht und der Pflicht der Gemeinschaft.
Nun entschuldigen Sie mich aber. Meine Schüler warten. Ich habe momentan die besondere Aufgabe, die Söhne des Grafen Humbert in der lateinischen Sprache zu unterrichten. Davor möchte ich noch ein kleines Nickerchen halten. Gott behüte Sie.

A2 Verfasst einen Zeitungsartikel zum Alltag im mittelalterlichen Kloster. Gestaltet den Zeitungsbericht mit mittelalterlichen Buchstaben und Zeichnungen.

LS 04 Nichts als Arbeit – die Welt der Bauern auf dem Land

		Zeitrichtwert	Lernaktivitäten	Material	Kompetenzen
1	PL	5'	L gibt einen Überblick über den Ablauf der Stunde und erläutert die Basisinstruktionen zur bevorstehenden Stationenarbeit. S äußern Rückfragen. Unklarheiten werden besprochen.		– Sachtexte erschließen – praktische Tätigkeiten durchführen – Ergebnisse selbstständig kontrollieren – in einer Gruppe kooperieren und gegenseitige Rücksichtnahme üben – miteinander kommunizieren – eine Methode oder die Zusammenarbeit reflektieren
2	PA	30'	S durchlaufen im Tandem zwei bis drei Stationen.	M1 – M4	
3	PL	15'	S ordnen sich je einer Station zu, äußern sich zum Inhalt und thematisieren etwaige Arbeitsprobleme.		
4	PA	30'	S durchlaufen weitere Stationen.		
5	GA	30'	S ziehen jeweils eine Stationenkennziffer und schreiben Berichte in Zufallsgruppen.		
6	EA	25'	S präsentieren Stationenberichte und reflektieren die Stationenarbeit.		

Erläuterungen zur Lernspirale

Ziel der Einheit ist, dass die Schüler erfahren und zum Teil nachspüren, wie die Menschen im Mittelalter auf dem Dorf gelebt haben. Die Zeit des Mittelalters bestand aus mehr als edlen Rittern und hübschen Burgfräulein. Die Schüler sollen lernen, dass das Leben im Dorf auf dem Land ein sehr genügsames Leben verlangte. Bei der Nahrungszubereitung (M3) lernen die Schüler unterschiedliche Rezeptanweisungen kennen.

Zum Ablauf im Einzelnen:
Im **1. Arbeitsschritt** gibt der Lehrer einen Überblick über den Ablauf der bevorstehenden Stunde und gibt Basisinstruktionen zu den einzelnen Stationen. Die Schüler hören zu, fragen nach und klären die Arbeitsschritte.

Im **2. Arbeitsschritt** bilden die Schüler Tandems, nach Neigung oder nach Zufall. Die Tandempartner wählen eine Station (M1 – M4) aus den Folgenden aus:
- M1 Station 1: Zacharias Leben mit der Landwirtschaft
- M2 Station 2: Kleider machen Leute – die Mode im Mittelalter
- M3 Station 3: Ein Blick in den Kochtopf – Bauernspeisen
- M4 Station 4: Von Haufen, Rundlingen und Fachwerk

Die Schüler bearbeiten an der jeweiligen Station unterschiedliche Aufgaben zu den Themenbereichen. Durch die Möglichkeit, inhaltlich, methodisch und zeitlich zu disponieren, wird ein reflektiertes und selbstgesteuertes Lernen unterstützt.

Im **3. Arbeitsschritt** ordnen sich die Schüler je einer Station zu, äußern sich zu deren Lernertrag zum Lernanreiz der jeweiligen Station und besprechen etwaige Arbeitsprobleme. Pro Station sollten sich maximal fünf Schüler zuordnen, wobei dies selbstverständlich von der Klassengröße abhängig ist.

Im **4. Arbeitsschritt** durchlaufen und bearbeiten die Tandempartner aus Arbeitsschritt 2 weitere Stationen.

Im **5. Arbeitsschritt** spezialisieren sich die Schüler auf eine Station. Hierfür ziehen sie je eine Stationenkennziffer und gestalten in diesen Zufallsgruppen ein letztes Lernprodukt der Stunde. Sie schreiben griffige Stationenberichte, in welchen sie fachliche und methodische Lernergebnisse, Lernzuwachs und Lernprobleme protokollieren.

Im **6. Arbeitsschritt** berichten ausgeloste Gruppenmitglieder von den Ergebnissen und Problemen ihrer Stationenarbeit. Ergänzende Hinweise und Fragen, auch von Seiten des Lehrers, können an dieser Stelle folgen.

Notizen:

✓ Merkposten

Für M2 ausreichend Stoffreste, Wolle, Filzutensilien etc. bereitlegen. Für M3 die Rezepte kopieren und in einem Umschlag bereitlegen sowie entsprechende Lebensmittel und Möglichkeit zur Nahrungszubereitung vorbereiten. Für Arbeitsschritt 5 kleine Kärtchen zum Ziehen vorbereiten.

Tipp

Die Lernspirale ist auf drei Unterrichtsstunden ausgelegt. Wählen Sie die Materialien daher entsprechend aus oder erweitern Sie die Stunden. Möglich ist es auch, einzelne Aufgaben, wie z. B. das Erstellen des Stationenberichts, als Hausaufgabe zu stellen und ihn am nächsten Tag in der Gruppe ausarbeiten zu lassen.
Beim Thema „Kleidung“ ist denkbar, fächerübergreifend Textilkunde zu „Von der Faser zum Stoff“ einzubetten.
Das Rezept „Hirsebrei“ kann fächerübergreifend mit Deutsch zum Thema „Märchen“ verwendet werden.

04 Nichts als Arbeit – die Welt der Bauern auf dem Land

Station 1: Zacharias Leben mit der Landwirtschaft

A1 Lege ein Lineal, einen Bleistift, einen Textmarker und einen dünnen Farbstift bereit und arbeite damit den Text nach der folgenden Anleitung durch:
- Text einmal durchlesen und Wichtiges mit Bleistift unterstreichen
- Text erneut mit zwei Stiften durcharbeiten: mit dem Textmarker Schlüsselbegriffe markieren und mit dem Farbstift die wichtigsten Informationen dazu unterstreichen

Mein Name ist Zacharias, ich bin schon 7 Winter alt. Du fragst dich jetzt bestimmt warum wir die Jahre so zählen? Die Leute hier im Dorf waren sich nie einig geworden, wann ein Jahr beginnt: an Ostern, an Weihnachten oder zu einem anderen Zeitpunkt. Aus diesem Grund zählten wir einfach die Winter. Ab dem 7. Winter begann mein Arbeitsleben und das war gar nicht einfach. Unser Tagesplan ist ganz schön voll und wir haben kaum noch Zeit zum Spielen. Die schwere körperliche Arbeit beginnt ab sofort: Ob auf dem Feld oder im Stall, es gibt genügend zu tun und dank meiner Hilfe muss meine Familie niemand Fremden einstellen. Wir sparen so Essen und Geld und das ist sehr wichtig, um zu überleben. Auf dem Ackerland haben wir mittlerweile eine Dreifelderwirtschaft mit Fruchtwechsel. Kennst du das? Unser einst zweigeteiltes Feld haben wir in drei Abschnitte aufgeteilt. Zwei davon bepflanzen wir, das letzte Drittel bleibt vorerst ohne Anbau (= Brache). Hinzu kommt, dass wir im Sommer und Winter andere Früchte säen. Im Frühjahr sind so beispielsweise auf einem Feld Hafer, Gerste und Gemüse und im Herbst auf einem anderen Feldabschnitt Weizen, Dinkel und Roggen. Im darauffolgenden Jahr werden die drei Felder anders bepflanzt, so liegt eines der Felder brach, kann sich erholen und die anderen erbringen uns eine reichhaltigere Ernte ein. Damit ihr meine Arbeit besser versteht, habe ich euch hier eine kleine Zeichnung angefertigt:

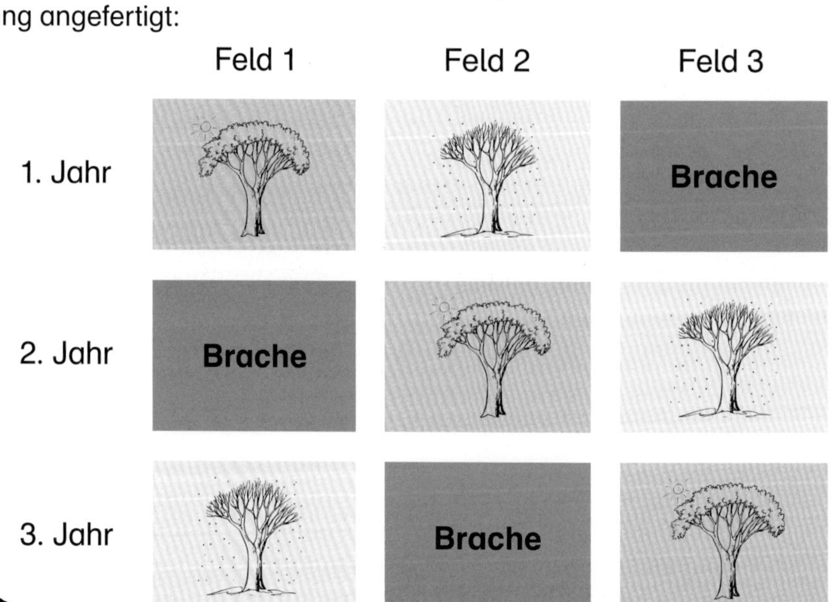

Vom Saatgut müssen wir immer ein Drittel beiseitelegen, sodass wir für das nächste Jahr genügend haben. Zudem müssen wir als Leibeigene stets unseren Grundherrn bezahlen. Von dem Rest der Aussaat lebt unsere Familie. Unser Essen kann aber auch schon mal knapp werden, wenn die Temperaturen zu warm oder zu kalt sind, es Unwetter oder Ungeziefer gibt, die unsere Pflanzen fressen oder eben wenn Kriege zu Missernten führen. Es gibt auch Zeiten, in denen viele Familien am Hungertod sterben. Ach ja mit 12 Jahren werde ich endlich volljährig sein, das heißt aber auch, dass ich mich dann um alles selbst kümmern muss. Ich bin mir noch nicht sicher, ob ich diese Vorstellung gut oder beängstigend finde.

A2 Betrachte die Abbildung und erinnere dich an den Text, welchen du gerade gründlich gelesen und markiert hast. Was denkst du, warum die Bauern im Mittelalter von der Zweifelderwirtschaft auf die Dreifelderwirtschaft umgestellt haben? Notiere deine Begründung in vollständigen Sätzen unter der Grafik.

Warum Dreifelderwirtschaft ?

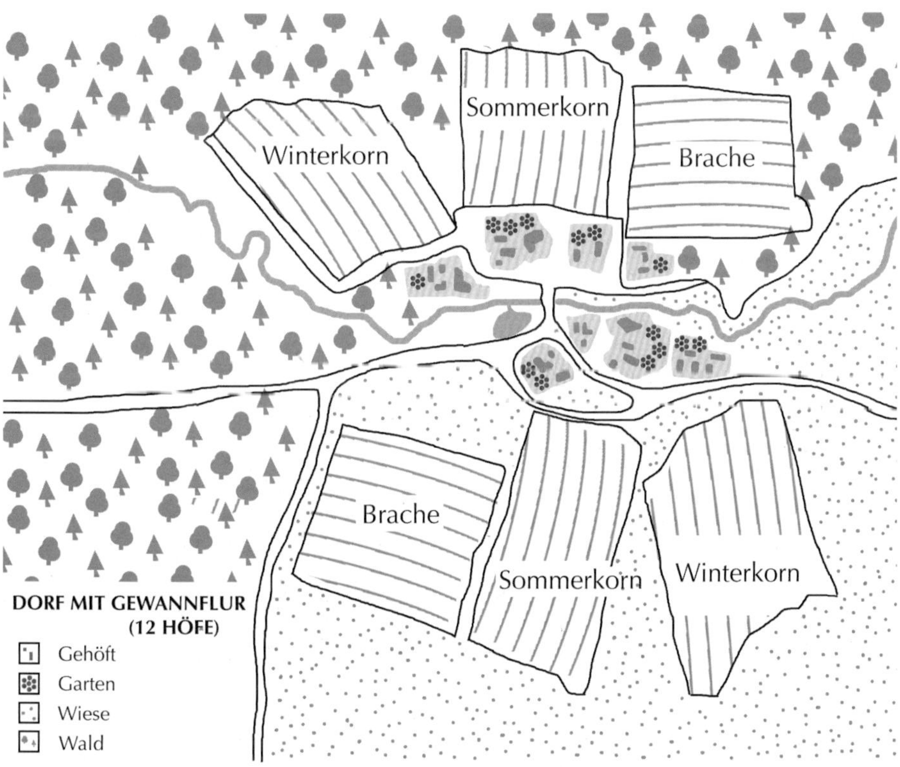

Station 2: Kleider machen Leute – die Mode im Mittelalter

A1 Lies den Text und markiere nach den bekannten Regeln und Tipps.

Die Kleidung im Mittelalter sieht etwas anders aus als die von euch heutzutage. Deshalb versuche ich, die Kleidung unserer Familie so gut ich kann zu beschreiben.

Jetzt habe ich mich gar nicht vorgestellt: Ich bin Fronicka, die Mutter von Zacharias und Jonata. Ihr kauft eure Kleider sicher in Einkaufsläden in der Stadt oder vielleicht sogar mit euren Eltern über das Internet? So etwas gibt es bei uns nicht. Nicht einmal Geschäfte, in denen wir Kleider einkaufen könnten. Bei uns wird noch alles von Hand genäht. Ich glaube, dass das bei euch Maschinen machen. Aber eines haben wir gemeinsam. Einen Modewechsel gibt es bei uns im Mittelalter auch öfters. Meine Tochter, wie auch andere Mädchen, tragen Kleidung aus Leinen. Vor allem sind das langärmlige Kleider. Darüber kommt allerdings eine weitere Schicht: eine ärmellose Tunika. Diese ist aus Wolle und wärmt uns. Sodass wir damit auch arbeiten können, binden wir die Stofflagen an der Taille mit einer Wollborte zusammen. Natürlich betont das auch etwas die Figur. Das Stirnband auf dem Kopf wird bei uns Schapel genannt und wird aus Wollbändern geflochten. Unser Sohn Zacharias trägt, wie auch die Jungen in eurer Umgebung, Hosen. Sie sehen allerdings ganz anders aus als eine Jeans. Bei uns sind die Hosen aus Wolle, darüber wird ein Hemd aus Hanfgarn getragen, auch langärmlig wie bei den Mädchen. Und ebenfalls wie bei den Mädchen kommt eine zweite Schicht hinzu, eine ärmellose Tunika über das Hemd. Dieses ist aus Leinen. Als Gürtel nimmt man einfach eine Schnur. Kannst du dir vorstellen was für Schuhe getragen werden? Lederbänder nimmt man, um ein Stück Leder am Fuß und an den Waden festzubinden. Das dauert ganz schön lange, wenn man noch nicht so geübt ist.

A2 Mache dir selbst mittelalterliche Schuhe und probiere sie aus. Wie fühlt es sich an? Würde deine Konstruktion auch einen ganzen Tag halten? Denk daran, dass so ein Arbeitstag ganz schön lange und anstrengend ist. Tausche dich mit deinem Tandempartner aus und berichte später den anderen Klassenkameraden.

I. Sneaker oder Highheels – Von Wegen: Schuhe wie im Mittelalter herstellen

Nimm dazu ein Stück Stoff und Schnüre zur Hand und versuche, die Schuhe von Zacharias und den anderen Jungen nachzubilden. Geh damit ein paar Schritte durch das Klassenzimmer.

A3 Nimm dir Wollfäden, Lederschnüre oder Ähnliches und stelle ein Schapel für dich her. Gerne kannst du es fantasievoll mit Steinen, Perlen, Federn oder Ähnlichem ausschmücken.

II. Anleitung: Schapel flechten oder knüpfen

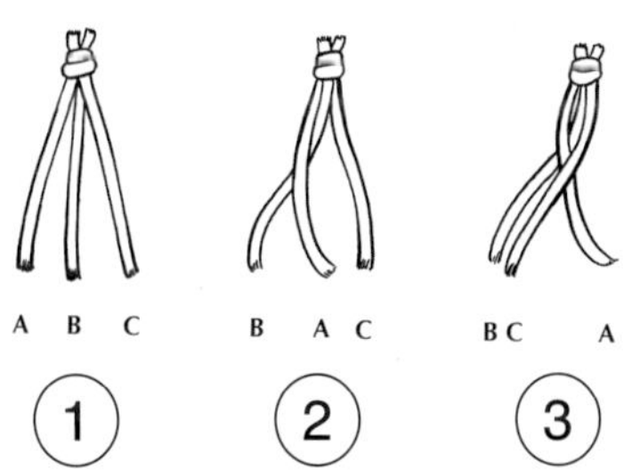

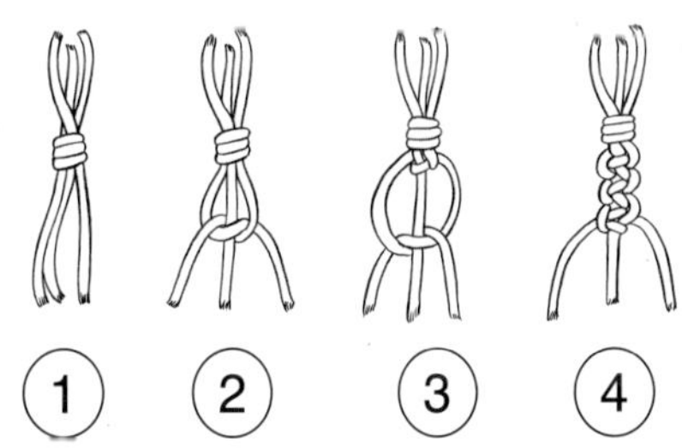

A4 Informiere dich im Internet oder bei deinem Lehrer, wie das Trockenfilzen funktioniert. Anschließend kannst du dir einen Schlüsselanhänger filzen.

III. Schlüsselanhänger filzen

Benötigtes Material:
- ✓ Märchenwolle
- ✓ Filznadeln
- ✓ Filzunterlage
- ✓ Nadel und Faden
- ✓ Schlüsselring

Station 3: Ein Blick in den Kochtopf – Bauernspeisen

A1 Lies den Text.

Vielleicht habt ihr ja schon von meinem Bruder Zacharias gehört. Wenn nicht, werdet ihr ihm später sicher noch begegnen. Er hilft in unserer Familie vor allem auf dem Feld und im Stall mit. Das ist ziemlich schwere körperliche Arbeit. Ich heiße Donata und bin auch ziemlich eingespannt in der Familie. Wir Bauern arbeiten von Sonnenaufgang bis Sonnenuntergang, zumindest meine Eltern. Meine Aufgaben unterscheiden sich allerdings von denen der Männer. Ich habe schon sehr früh gelernt, wie man das Haus putzt, Essen kocht, Feuer macht, Wolle spinnt, die Betten macht, Hühner füttert, Eier einsammelt, Unkraut zieht und Strümpfe stopft. Hast du das schon mal gemacht? Wenn ich an einem Tag alle Sachen machen muss, bleibt gar nicht mehr viel Freizeit. Könnt ihr euch vorstellen wie lange ich am Tag arbeite? Und wie viel Zeit man eigentlich benötigt, um Socken zu stopfen, vor allem, wenn die Löcher in den Socken meines Bruders Zacharias riesengroß sind? Ich habe euch hier einmal meinen Tagesplan aufgeschrieben, danach könnt ihr ja selbst ausrechnen wie viel Zeit die einzelnen Tätigkeiten benötigen.

Mein Tagesplan:
Schon um 7 Uhr starten wir mit der Arbeit. Ich glaube das ist etwas früher als ihr in der Schule sein müsst oder? Aber ich kann mich nicht beschweren: meine Mutter muss schon um 4 Uhr ihre Arbeit beginnen. Zu allererst steht der Hausputz an. Den habe ich um 9 Uhr beendet. Danach mache ich Feuer, um einen Brei zu kochen, damit auch alle etwas essen können. Dafür brauche ich jeweils eine halbe Stunde. Ich bringe den Brei dann unserem Vater und Bruder auf das Feld. Dort kann ich dann gleich mit dem Unkraut jäten weitermachen. Oft schmerzt mein Rücken etwas, aber bis 10.30 Uhr habe ich die Feldarbeit meistens auch geschafft. Danach esse auch ich eine Kleinigkeit des restlichen Breis, um danach (10.40 Uhr) mit meinem Tagesplan weiterzumachen. Bevor ich die Socken stopfen kann, muss ich zuerst die Wolle spinnen, damit bin ich ganz schön lange beschäftigt. Meistens brauche ich bis 11.50 Uhr, um die Arbeit zu erledigen. Weil ich danach erstmal keine Wolle mehr sehen möchte, schiebe ich zwischen die Sockenstopf-Arbeit erst noch die Betten. Die müssen jeden Tag gemacht werden. Da ich darin aber schon geübt bin, brauche ich dafür nur 15 Minuten. Anschließend habe ich auch wieder mehr Motivation, um mich an die Socken zu machen. Nach dieser Arbeit ist schon Mittagszeit, nämlich 12.35 Uhr. Mama hat in dieser Zeit unser Mittagessen gekocht. Mein Bruder und Vater kommen von den Feldern und wir haben gemeinsam eine Stunde, um uns mit etwas Brot oder einem Eintopf zu stärken und auszuruhen. Danach kümmere ich mich um die Hühner, die müssen gefüttert und die Eier eingesammelt werden. Bis 14.10 Uhr ist die Arbeit erledigt und ich kann den Tag etwas gemütlich ausklingen lassen, jedoch gibt es jeden Tag neue Sachen zu lernen, ob von Oma oder Mutter, es wird einem nie langweilig auf dem Land. Manchmal unterstütze ich auch noch Mama bei ihrer Arbeit, damit sie nicht erst um 22 Uhr ins Bett gehen muss, sondern sich schon früher zur Ruhe legen kann.

A2 Würdest du in dieser Zeit leben wollen? Unterhalte dich mit deinem Tandempartner und begründe deine Antwort?

A3 Öffne nun den Umschlag, entscheide dich für eines der Rezepte und bereite es gemeinsam mit deinem Partner zu. Gestalte anschließend ein Rezeptblatt für dich.

Rezept 1

Der süße Brei *ein Märchen der Brüder Grimm*

Es war einmal ein herzensgutes Mädchen, das wohnte mit seiner Mutter in einem armseligen kleinen Häuschen mit einem Raum und einem Dachbett. Sie hatten weder Gut noch Geld und auch das Essen war knapp und niemand war da, der ihnen half. Vor Kummer schickte die Mutter ihr Kind mit einem kleinen Körblein hinaus in den Wald. Es sollte sehen, was die Natur ihm würde schenken können. Das Mädchen war schon den ganzen Tag umhergelaufen und hatte nur ein halbes Körbchen voll Beeren gefunden. Die Dämmerung trat schon bald ein und es würde heimgehen und der Mutter nicht mehr bringen, als was es hatte sammeln können. Es wurde ganz traurig, wenn es schon an die Mutter dachte. Doch wie das Kind sich auf den Heimweg machte, begegnete ihm eine alte Frau, die wusste schon um seinen Kummer. Die Alte schmunzelte es an mit warmem Blick und sprach zu ihm, es möge einmal zu ihr kommen. Das Mädchen trat zu ihr und sah die Alte mit großen, scheuen, ehrlichen Augen an. Der Frau begegneten in diesem Blick die Sterne des Himmels. Und über die Freude an diesem klaren und liebem Wesen schenkte sie ihm einen Topf. "Mein Kind," sagte die Alte, "sprich zu dem Töpfchen 'Töpfchen, koche!' Und wenn es aufhören soll, sprich zu ihm 'Töpfchen, steh!' Dann wirst du und deine Mutter ausgesorgt haben." – Das Mädchen nahm den Topf, stellte das Körbchen hinein, bedankte sich artig und konnte ihr Glück nicht fassen. So dankbar war es für die Hilfe, die ihm so ohne Falschheit zugekommen war. Es eilte nach Hause zur Mutter und reichte ihr die Gaben. Immer wenn sie Hunger hatten, sprach das Mädchen "Töpfchen, koche!" und wenn genug da war, sprach es "Töpfchen, steh!" Sie hatten keine Sorge mehr, konnten alle Nachbarn einladen und niemand in dem Dorfe musste mehr des Hungers leiden. Eines Tages war das Mädchen wieder ausgegangen, um noch ein paar Beeren zu pflücken, denn süßer Brei und Beeren wurden fortan ihre Leibspeise. Die Mutter wollte das Töchterchen überraschen und das Essen schon bereit haben, wenn es zurück käme. So sprach sie "Töpfchen, koche!" und der Topf füllte sich mit Milch und füllte sich mit Zucker und mit Grieß und kochte auf. Er war zur Hälfte voll, da dachte sich die Mutter, dass es ausreiche und machte sich auf, das Kochen zu beenden. Doch ach, ihr fiel das Wort nicht ein. Das Wort, welches dem Topf Einhalt geben würde. Schon war der Topf dreiviertels voll und die Mutter grübelte und grübelte, lief im Raum umher und suchte das Wort. Der Topf quoll über, der Brei bedeckte schon den Tisch und lief das Tischbein hinab, benetzte den Boden, lief zum Haus hinaus und auf die Straße. Er drängte sich an andere Häuser heran und füllte das ganze Dorf mit Brei, bis über den Kopf hoch. Als das Töchterchen zurück kam, sprach sie rasch "Töpfchen, steh!" und schon war dem Kochen ein Ende gesetzt. Wer aber künftig in das Dorf wollte, hatte noch lange damit zu tun, sich hindurch zu essen.

Zutaten für den süßen Brei

500 ml Milch, 1 Prise Salz, 100 g Hirse, 1 EL Butter, 25 g Zucker, 2 EL Honig, Gewürze, wie Zimt, Nüsse, Trockenfrüchte, …

Zubereitung

Milch mit Butter, Honig und Salz aufkochen. Hirse zugeben und etwa eine Stunde bei schwacher Hitze quellen lassen bis ein sämiger Brei entstanden ist. Die Hirse anrichten und nach Geschmack mit Gewürzen und weiteren Zutaten ausgarnieren.

Rezept 2

Grünkerneintopf

Grünkern ist das Korn des Dinkels, welches halbreif geerntet und getrocknet wird. Ursprünglich wurde der Dinkel als Reaktion auf Schlechtwetterperioden, welche die Ernte vernichteten, vor der Reife geerntet. Da die getrockneten Kerne – mit Wasser gekocht – wohlschmeckend waren, entwickelte sich die Tradition, einen Teil des Dinkels bereits als grünes Korn zu ernten.

Mengen	*Zutaten*	*Zubereitung*	*Anmerkung*
15g *1*	*Margarine* *Zwiebel*	*1. in einen großen Topf geben* *2. würfeln und im Topf andünsten*	
150g *1* *1 l*	*Grünkern(-schrot)* *Lorbeerblatt* *Gemüsebrühe* *(1 TL Brühe pro 250ml)*	*3. kurz mitdünsten* *4. mit Brühe ablöschen*	*Garzeit im Dampfdrucktopf.: 20 min*
250g *200g*	*Kartoffeln* *Möhren*	*5. fein würfeln* *6. Würfel dazugeben*	
2 Stängel *100 ml*	*Petersilie* *Sahne* *Salz, Muskat*	*7. fein hacken* *8. dazugeben* *9. abschmecken*	

Rezept 3

Selfmade butter
aus Sahne, Salz und Kräutern

Dazu passen wunderbar Dinkelbrötchen. Sicher findest du in Büchern ein gutes Rezept.

Rezept 2

Nonnenfürzle

Eine von vielen Geschichten besagt, dass eine junge Nonne den etwas zu feuchten Teig ins heiße Fett gegeben hat, was auffällige Zischgeräusche hervorrief. Da der Bischof anwesend war, verließ sie fluchtartig die Küche. Der Nonne waren die Geräusche peinlich. Daraufhin soll der Bischof das Gebäck schmunzelnd „Nonnenfürzle“ genannt haben. Wahrscheinlicher und richtiger ist, dass der Name auf den mittelalterlichen Ausdruck „nunnekenfurt“ zurückgeht, was so viel bedeutet wie „von den Nonnen am besten zubereitet“. Im Laufe der Jahre hat es sich der Name der Süßspeise zum populäreren „Nonnenfürzle“ verschliffen.

Zutaten

- ✓ 2 Eier
- ✓ 1 Eiweiß
- ✓ 2 El Honig
- ✓ 50 g gemahlene Mandeln
- ✓ 100 g Mehl
- ✓ 1 Prise Salz
- ✓ Fett zum Ausbacken

Zubereitung

Die Eier mit Eiweiß und Honig kräftig aufschlagen, Mandeln, Mehl und Salz unterarbeiten und daraus einen festen Teig kneten.
Zugedeckt etwa 30 Minuten ruhen lassen. Dann den Teig etwa fingerdick ausrollen und Rauten oder Quadrate mit 2–3 cm Seitenlänge ausschneiden. Die „Nonnefürzle“ in heißem Fett schwimmend goldbraun ausbacken, abtropfen lassen und anrichten.
Wenn man möchte, kann das Gebäck mit einer Fruchtsauce gereicht werden. Oder man bestäubt es einfach mit Puderzucker.

Station 4: Von Haufen, Rundlingen und Fachwerk

A1 Lest den Text von Seboldt und markiert darin, was ihr über mittelalterliche Dörfer erfahrt.

Mein Name ist Seboldt, habt ihr schon von mir und meiner Familie gehört? Wie ihr vielleicht wisst, lebten im Mittelalter viele Menschen auf dem Land. Manche Bauern in Einzelhöfen und andere in kleinen Dörfern mit ungefähr 300 Einwohnern. In der Regel wurde um jedes Dorf ein Zaun gezogen. Wir nennen ihn Etter. Er soll uns vor wilden Tieren und Eindringlingen schützen.
Die Form des Dorfes war immer unterschiedlich. Je nachdem welche Gegebenheiten die Landschaft auch bot. Diese Formen kann man sogar noch in der heutigen Zeit erkennen. Zum einen gibt es ein **Straßendorf**. Der Name beschreibt das Dorf schon recht gut. Die Häuser der Bauern stehen dort entlang einer Straße, also rechts und links davon in einer Reihe. Eine weitere Form heißt **Haufendorf**. Auch diese Form kann man sich durch den Namen sehr gut merken. Die Häuser stehen meistens um eine Dorfkirche herum. Eben in einem kleinen Haufen. Wir wohnen in einem Dorf, welches die Bezeichnung **Rundling oder auch Runddorf** trägt. Unsere Häuser stehen rund um den Dorfplatz und das sieht eben aus wie ein Kreis oder eine Ellipse.

A2 Kennst du Dörfer oder Städte, die entsprechend aufgebaut sind?
Nenne die Dörfer und Städte und beschreibe sie in vollständigen Sätzen.

____

____

____

____

____

A3 Für welchen Aufbau würdest du dich als Bürgermeister eines Dorfes entscheiden? Zeichne dein Dorf und notiere deine Begründung.

Von Haufen, Rundlingen und Fachwerk

A1 Lest den Text über mittelalterliche Bauernhäuser und das Leben in diesen Häusern.

Für den Bau unseres Hauses war ich, der Vater von Zacharias und Donata und der Mann von Fronicka, zuständig. Wir besitzen ein Fachwerkhaus. Davon habt ihr vielleicht schon einmal gehört oder es sogar in eurem Dorf oder eurer Stadt gesehen. Unsere Häuser im Mittelalter wurden allerdings viel einfacher gebaut. Die grundlegenden Baumaterialien sind Holz, Lehm und Stroh. Zu Beginn haben wir einen Grundriss aus Feldsteinen gelegt. Darauf wurde ein Gerüst aus Holzbalken gebaut. Damit nicht jeder ins Haus hineinschauen konnte und wir es im Winter wärmer hatten, haben wir danach die Zwischenräume aufgefüllt. Dafür verwendeten wir ein Weidenrutengeflecht, Lehm und Stroh. Glasfenster hatten wir damals auch nicht. Wir ließen dennoch Luftlöcher in den Wänden, die wir dann mit Tierhäuten bespannt haben. Das Dach wurde zum Schluss mit Stroh bedeckt.
Ihr könnt euch sicher vorstellen, dass unser Haus auch nicht sonderlich groß war. Lediglich ein oder zwei Räume hatten die meisten Häuser. Die Räume wurden oftmals nur durch eine Wand aus Flechtwerk getrennt, um den Geruch der Tiere etwas zu dämpfen. Ja ihr habt richtig gehört. Die Tiere lebten mit uns unter einem Dach. Die rochen zwar nicht besonders gut, aber gaben uns wichtige Wärme ab, die wir vor allem im Winter bitter nötig hatten. In der Mitte unseres Hauses war eine Feuerstelle. Diese nutzten vor allem meine Frau und Tochter, um unser Essen zuzubereiten. Zugleich wärmte uns das Feuer. Damit der Rauch abziehen konnte, machten wir ein Loch in das Dach.
Viele Möbel haben wir aus Platzgründen nicht. Eine Kiste mit Stroh dient uns als Bett. Einen Tisch, Schemel und Bänke, um zu essen und unsere Arbeit zu verrichten. In den Truhen bewahren wir Arbeitsmaterialien und auch Essen auf.

Wir haben für das Hausgerüst damals viel Holz gebraucht, ebenfalls um die Möbel zu bauen und die Feuerstelle nicht ausgehen zu lassen. Man könnte schon fast sagen, dass jede Familie einen kleinen Wald dafür gerodet hat. Heutzutage würden wir wahrscheinlich sehr viel Unruhe stiften wegen des Umweltschutzes. Denn meistens sind die Wälder gar nicht so schnell nachgewachsen, da unsere Tiere, vor allem die Schweine, die Samen der Bäume gefressen haben.

A2 Wähle eine der beiden Rollen aus und verfasse einen Zeitungsartikel, in dem du die Position der jeweiligen Person einnimmst:

- Versetze dich in die Lage eines **Umweltschützers oder Försters** in deinem Ort. Schreibe einen Artikel, in welchem du die Bauern dazu aufrufst, nachhaltiger mit dem Wald zu wirtschaften.
- Versetze dich in die Lage eines **Bauern**, der für das alltägliche Leben auf das Holz aus dem Wald angewiesen ist. Schreibe einen Artikel, in welchem du die Notwendigkeit der Rodung des Waldes verteitigst und argumentierst.

LS 05 Edel, mutig und tapfer – „Warn's so, de oiden Rittersleit?“

		Zeitrichtwert	Lernaktivitäten	Material	Kompetenzen
1	PL	5'	L gibt einen Überblick über den Ablauf der Stunde.		– einen Liedtext interpretieren – Erkenntnisse für sich selbst ziehen und eine Korrelation zur heutigen Lebenswelt herstellen – vor einer Gruppe präsentieren – Wissen gestalterisch umsetzen – einen Lückentext bearbeiten
2	EA	10'	S lesen den Liedtext und notieren Fragen und Eindrücke.	M1.A1	
3	PL	5'	S lesen das Lied laut im Plenum vor.		
4	GA	15'	S klären mündlich sowohl inhaltliche als auch stilistische Fragen zum Lied.		
5	PA	25'	S verschriftlichen Erkenntnisse aus den vorangegangenen Arbeitsphasen und notieren begründet, ob sie auch gerne Ritter wären.	M1.A2, Papier	
6	PL	15'	S präsentieren ihre Arbeitsergebnisse. L leitet Unterrichtsgespräch.		
7	HA		S bearbeiten den Lückentext und gestalten ein Wappen.	M2.A1-A2	
8	PL	15'	S präsentieren ihre Hausaufgaben.		

Tipps

Das Lied kann je nach Zeit selbstverständlich an verschiedenen Stellen der Stunde gesungen oder gar für einen Auftritt eingeübt werden.

Zudem kann man an dieser Stelle der Einheit auch ein Rittermahl stattfinden lassen, einen Museumsbesuch oder gar Ritterspiele mit den gestalteten Wappen durchführen.

Es ist möglich, weiterführend die mittelalterliche Küche an dieser Stelle anzusprechen. Hierfür steht ein Rezeptblatt (M3) „Arme Ritter“ zur Verfügung. In diesem Zuge könnte man auch die mittelalterlichen Tischsitten und -manieren thematisieren.

Erläuterungen zur Lernspirale

Ziel der Doppelstunde ist, dass die Schüler das Leben der Ritter nachempfinden können und erkennen, dass diese nicht nur edle und mutige Reiter zu Ross waren. Zudem äußern sie begründet, ob sie auch gerne zu jener Zeit als Ritter gelebt hätten oder nicht. Abschließend erweitern sie ihre personellen Kompetenzen im musisch-ästhetischen Bereich.

Zum Ablauf im Einzelnen:
Im **1. Arbeitsschritt** gibt der Lehrer einen Überblick über den Ablauf der bevorstehenden Stunde.

Im **2. Arbeitsschritt** lesen und erfassen die Schüler einen Liedtext (M1.A1), der in einer Art Parodie vom Ritterleben handelt. Sie durchdenken Sprache und Inhalt des Liedtextes und notieren aufkommende Fragen und Eindrücke.

Im **3. Arbeitsschritt** wird das Lied einmal laut im Plenum vorgelesen.

Im **4. Arbeitsschritt** gehen die Schüler in Gruppen zusammen und klären die bestehenden inhaltlichen Fragen zum Lied.

Im **5. Arbeitsschritt** sollen die Ergebnisse der Gruppenarbeit genutzt werden. Hierzu werden Tandems gebildet, in welchen die Schüler ihre Erkenntnisse schriftlich zusammentragen und begründet aufschreiben, ob sie auch gerne Ritter gewesen wären oder gar heute noch wären (M1.A2).

Im **6. Arbeitsschritt** präsentieren einzelne Tandems ihre Erkenntnisse. In einem lehrergelenkten Unterrichtsgespräch werden die verschiedenen Meinungen zusammengetragen und diskutiert.

Im **7. Arbeitsschritt** vertieft und erweitert jeder Schüler die Erkenntnisse der Stunde in einer Hausaufgabe. Hierzu gibt es einen Lückentext zur Ausbildung der Ritter zu bearbeiten und ein eigenes Wappen zu gestalten (M2). Dabei können die Schüler ihre Einstellung dazu, ein Ritter sein zu wollen oder nicht, nochmals gründlich überdenken. Dieser Arbeitsschritt kann auch im Unterricht stattfinden und entsprechend eingebaut werden.

Im **8. Arbeitsschritt** werden die Hausaufgaben in der darauffolgenden Stunde besprochen und die Wappen ausgestellt und gewürdigt. Dies kann beispielsweise auch in einem Museumsrundgang geschehen.

Notizen:

05 Edel, mutig und tapfer – „Warn's so, de oiden Rittersleit?"

A1 Lies den Liedtext und markiere unklare Stellen. Notiere auf einem Zettel Fragen, die dir während dem Lesen in den Kopf kommen.

Ja so war'ns die altn Rittersleut (von Karl Valentin 1940)

Da herunt' an diesem Ort
Sicherlich – mein Ehrenwort
Da ha'bn edle Ritter g'haust
Denen hat's vor gar nix g'raust.
Refrain:
Ja, so war'ns, ja so war'ns
Ja so war'ns die alten Rittersleut,
Ja so warn's, ja so war'ns, die alten
Rittersleut.

G'suffa hab'ns und dös net wia
Aus die Eimer Wein und Bier
Hab'ns dann als zamm g'suffa g'habt
Dann san's unterm Tisch drunt g'flackt.

Auch für Wein, Weib und Gesang
Schwärmte jeder Rittersmann
Schwärmt er für Gesang allein
Musst' er schon ein Siebz'ger sein.

So ein früherer Rittersmann
Hatte soviel Eisen an
Die meisten Ritter, i muass sag'n
Hat deshalb da Blitz daschlag'n.
[...]
Ritt ein Ritter auf dem Ross
War das Risiko oft gross
Hat so a Ross an Hupferer do
Lag im Dreck der gute Mo.

Hat ein Ritter den Katharr
Damals war'n die Mittel rar
Er hat der Erkältung trotz
Er hat g'räuschpert, g'schnäuzt und g'rotzt.
[...]
D'Ritter, die war'n lustige Leut
In der guat'n alten Zeit
S'war ja no a schöner's Leb'n
S'hat no koa Finanzamt geb'n.
[...]
Friedlich war'n die Ritter nicht
Hielten es für heil'ge Pflicht
Schwertgeklirr war ihr Symbol
Nur im Kampf war ihnen wohl.

D' Ritter war'n auch sehr reinlich
Jeder Dreck war ihnen peinlich
Waren auf sich selbst bedacht
Selten hab'ns in d'Hos'n g'macht.
[...]
Und der Ritter Habenichts
Der hat nämlich wirklich nichts
S'einz'ge, was der Ritter hott
Ist ein cronischer Bankrott.

Vom Färbergrab'n die Rittersleut
Leb'n nicht mehr, seit langer Zeit
Nur die Geister von densölben
Spuken Nachts in den Gewölben.

A2 Bespreche dich mit einem Tandempartner. Notiert auf eurem Zettel sämtliche Erkenntnisse und Interpretationen zum Lied. Macht Euch zudem Gedanken darüber, ob ihr gerne zur Zeit der Ritter gelebt hättet. Wärst du gerne ein Ritter gewesen oder nicht? Begründet Eure Entscheidung mit mindestens drei Argumenten.

Der lange Weg zum Ritter

A1 Lies den Text und fülle die Lücken sinngemäß aus.

Jeder denkt beim Thema Mittelalter an ____________ und Burgen, doch wissen wenige, wie man Ritter wurde. Es war nämlich so, dass nicht jeder Ritter werden konnte. Dies war meist nur dann möglich, wenn schon der ____________ ein Ritter ist oder gewesen war. Die ____________ dauerte insgesamt 14 Jahre. Mit etwa sieben Jahren kam der Sohn eines Ritters auf die Burg eines Adeligen, um dort als Page zu arbeiten. Oft waren dies Verwandte oder Bekannte des Vaters. Als ____________ musste er die Burgherrin bedienen, höfliche Sitten üben und lernte in der ____________ lesen, schreiben und rechnen. Er wurde von der ____________ erzogen und lernte, wie man sich anderen gegenüber verhält, den höfischen Tanz ausübt oder auch Schach spielt. Zudem übte er sich in schwimmen, jagen und ____________ und im Umgang mit dem ____________, dem Bogen und der Lanze. Nach sieben Jahren wurde er Knappe, bekam ein Kurzschwert und diente nun einem ________. Er plante die Reisen des Ritters, begleitete ihn in ____________, reichte ihm die Waffen an und half ihm, wenn er in Gefahr war oder auf dem ____________ verletzt wurde. Dies war notwendig, weil der Ritter sich in seiner ____________

kaum bewegen konnte und dadurch fast hilflos war, wenn er beispielsweise vom ____________ fiel und nicht mehr fest im Sattel saß. Falls er sich ausreichend bewährt hatte, erhielt ein Knappe nach weiteren ____________ Jahren die Schwertleite. Dies bedeutet, dass ihm ein Schild überreicht und ein Langschwert umgegurtet wurde und er einen leichten ____________ mit dem Schwert auf die ________

bekam. Jetzt war er ein Ritter und musste sich an die ritterlichen Tugenden halten. Er musste dem König treu dienen, die Schwachen beschützen und bei Krieg tapfer in die Schlacht ziehen und seinen ________ unterstützen. Falls kein Krieg war, trainierte er für die nächste Schlacht in sogenannten ____________.

A2 Gestalte dein eigenes Wappen und achte dabei auf die Regeln. Auf dem Wappen sollten der Charakter und die Stärken eines Ritters zum Ausdruck kommen. Es wurden vor allem Symbole aus der Natur (Tiere und Pflanzen) oder Waffen dargestellt. Zum Beispiel bedeutete ein Löwe Mut oder eine Lilie stand für Unschuld. Das Wappen sollte zudem von weitem gut erkennbar sein. Welche Materialien du verwendest, darfst du selbst entscheiden.

Rezeptblatt „Arme Ritter“

Leckere „Arme Ritter“

Zutaten

- ✓ alte Brötchen oder Toast
- ✓ 1/4 l Milch
- ✓ 5 Eier
- ✓ 2–3 EL Zucker
- ✓ 1 Prise Salz
- ✓ Butterschmalz zum Anbraten
- ✓ Zwetschgenkompott, Apfelmus, …

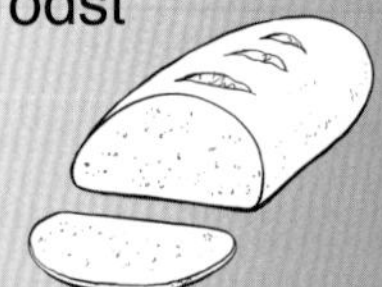

Zubereitung

1. Milch, Eier, Zucker und eine Prise Salz verquirlen.
2. Das Brot in Scheiben nebeneinander in eine flache Schale legen.
3. Die Scheiben mit der Eiermilch begießen, wenden und ca. zwei min einweichen.
4. Schmalz portionsweise in einer beschichteten Pfanne erhitzen.
5. Wenige Brotscheiben darin von jeder Seite 2–3 min goldbraun braten.
6. Warm stellen und alle Scheiben entsprechend zubereiten.
7. Anrichten und genießen!

LS 06 Krieg und Minne – die Welt der Burgen und Schlösser

		Zeitrichtwert	Lernaktivitäten	Material	Kompetenzen
1	PL	5'	L gibt einen Überblick über den Ablauf der Stunde.		– einen Sachtext lesen und markieren – einen Steckbrief schreiben und präsentieren – ein Schaubild beschriften
2	EA	20'	S lesen einen Sachtext zum Thema „Burgbewohner".	M1.A1 – M9.A1	
3	PA	10'	S beseitigen Unklarheiten und halten Relevantes fest.		
4	EA	25'	S erstellen Steckbriefe zu den einzelnen Burgbewohnern.		
5	PA	20'	S präsentieren ihre Steckbriefe.		
6	PL	10'	S reflektieren ihre Ergebnisse in einem lehrergelenkten Unterrichtsgespräch.		
7	HA		S beschriften Schaubild.	M10.A1	

Tipp

Es bietet sich für diese Lernspirale an, den Schülern verschiedene Sachbücher zur Verfügung zu stellen oder einen Internetzugang zu ermöglichen.

Die Steckbriefe können für einen Museumsrundgang im Klassenzimmer ausgestellt und je nach Zeit gegen Ende der Stunde betrachtet werden.

Erläuterungen zur Lernspirale

Ziel der Doppelstunde ist, dass die Schüler über grundlegende Informationen zum Leben verschiedener Bewohner einer Burg im Mittelalter verfügen. Zudem kennen sie den Grundriss einer mittelalterlichen Burg und die jeweiligen Funktionen der Gebäude und Plätze.

Zum Ablauf im Einzelnen:
Im **1. Arbeitsschritt** gibt der Lehrer einen Überblick über den Ablauf der bevorstehenden Stunde.

Im **2. Arbeitsschritt** lesen die Schüler einen zugelosten Sachtext mit Personenbeschreibungen zu einem Bewohner der mittelalterlichen Burg (M1–M9). Sie markieren unklare und wichtige Stellen.

Im **3. Arbeitsschritt** tauschen sich die Schüler, die den gleichen Burgbewohner hatten, in einer Expertengruppe über Unklarheiten und Schlüsselbegriffe aus. Je nach Klassengröße findet dies bestenfalls in Tandems statt.

Im **4. Arbeitsschritt** erstellen die Schüler in Einzelarbeit Steckbriefe zu ihrem Burgbewohner. Hierbei berücksichtigen sie Informationen aus ihren Sachtexten und recherchieren gegebenenfalls in weiteren Quellen, wie z.B. Sachbüchern oder im Internet. Hierzu ist absichtlich kein Arbeitsblatt vorhanden, sodass die Kreativität der Schüler uneingeschränkt bleibt. Falls notwendig, kann man den Schülern stichwortartig Anregungen zur Hand geben.

Im **5. Arbeitsschritt** präsentieren die Schüler ihre Steckbriefe im Doppelkreis. Dazu stehen sich zu Beginn jeweils die Tandempartner gegenüber, dann wird rotiert. So ist sichergetellt, dass sich stets unterschiedliche Burgbewohner gegenüber stehen.

Im **6. Arbeitsschritt** wird in einem lehrergelenkten Unterrichtsgespräch das Leben auf einer mittelalterlichen Burg reflektiert und bewertet. Die Schüler lassen hierbei ihre persönlichen Meinungen einfließen.

Im **7. Arbeitsschritt** erläutert der Lehrer die Hausaufgabe. Durch das Beschriften des Schaubildes (M10.A1) einer Burg mit passenden Begriffen vertiefen und erweitern die Schüler ihr Wissen über Burgen und ihre Bewohner.

Notizen:

06 Krieg und Minne – die Welt der Burgen und Schlösser

A1 Lies den Text und markiere nach den bekannten Regeln und Tipps. Deine Aufgabe ist es, einen Steckbrief zu diesem Burgbewohner zu erstellen und diesen später zu präsentieren. Vielleicht hilft es dir, dich in den Burgbewohner hineinzuversetzen: Welche Aufgaben hatte die Person? Hatte sie vielleicht eine Leibspeise? Und wie verbrachte sie ihre Freizeit?

Das Leben auf einer Burg im Mittelalter war von viel Arbeit und Struktur geprägt, da oft viele hunderte Menschen dort wohnten. So hatte jeder seine täglichen Aufgaben vom Morgengrauen bis zum Einbruch der Dunkelheit zu erledigen. Ich bin der **Burgherr Graf Humbert**. Diese Burg und viele Ländereien um uns herum gehören mir und ich mache die Gesetze. Ich bin dafür zuständig, die Bewohner meiner Burg gemeinsam mit meiner Ritterschaft vor feindlichen Angriffen zu schützen. Auch die Bauern der Umgebung sind mir untergeordnet und liefern mir stets einen Teil ihrer Ernte und gezüchteten Tiere. Bei der Ausübung aller Aufgaben werde ich von meinen Knechten unterstützt und ich habe viele Aufgaben an meine Untertanen verteilt, doch die gilt es stets zu kontrollieren. Dazu muss ich oft auch monatelang reisen, um die Regierungsgeschäfte zu erledigen oder im schlimmsten Falle Krieg zu führen. Ansonsten habe ich das Glück, immer mal wieder Freizeit zu haben. Diese verbringe ich gerne mit Reiten oder Jagen. Wenn ich demnächst wieder ein Fest organisiere, schaut Graf Linhart sicher nicht schlecht, wenn ich ein gutes Wild aus eigener Jagd auftische. Da fällt mir ein, erst letztens habe ich einen Brief von einem französichen Weinhändler bekommen, von dort sollte ich noch etwas Wein herbeikommen lassen, das Zeug aus Bayern kann man ja nicht trinken. Unser Moselwein schmeckt zwar vorzüglich, aber den nutze ich für den Eigengebrauch.

A1 Lies den Text und markiere nach den bekannten Regeln und Tipps. Deine Aufgabe ist es, einen Steckbrief zu diesem Burgbewohner zu erstellen und diesen später zu präsentieren. Vielleicht hilft es dir, dich in den Burgbewohner hineinzuversetzen: Welche Aufgaben hatte die Person? Hatte sie vielleicht eine Leibspeise? Und wie verbrachte sie ihre Freizeit?

Das Leben auf einer Burg im Mittelalter war von viel Arbeit und Struktur geprägt, da oft viele hunderte Menschen dort wohnten. So hatte jeder seine täglichen Aufgaben vom Morgengrauen bis zum Einbruch der Dunkelheit zu erledigen. Ich heiße **Wendel** und bin **Bäcker** hier auf der Burg von Graf Humbert. Mein ältester Sohn lernt das Bäckerhandwerk von mir und später wird er die Backstube von mir übernehmen. Morgens früh um 3 Uhr beginnt unsere Arbeit. Aus dem hofeigenen Getreide mahle ich das Mehl und backe täglich frische Fladen für die Herrschaften und alle anderen Burgbewohner. Zuerst vermischen wir Mehl, Wasser und Salz miteinander und kneten es zu einem Teig. An besonderen Festtagen lässt mir die Herrin Gewürze aus fernen Ländern liefern, sodass ich sie im Teig verarbeiten kann. Da Brot neben Bier das wichtigste Grundnahrungsmittel in unserer Zeit ist, habe ich ein gutes Ansehen unter den Burgbewohnern.

A1 Lies den Text und markiere nach den bekannten Regeln und Tipps. Deine Aufgabe ist es, einen Steckbrief zu diesem Burgbewohner zu erstellen und diesen später zu präsentieren. Vielleicht hilft es dir, dich in den Burgbewohner hineinzuversetzen: Welche Aufgaben hatte die Person? Hatte sie vielleicht eine Leibspeise? Und wie verbrachte sie ihre Freizeit?

Das Leben auf einer Burg im Mittelalter war von viel Arbeit und Struktur geprägt, da oft viele hunderte Menschen dort wohnten. So hatte jeder seine täglichen Aufgaben vom Morgengrauen bis zum Einbruch der Dunkelheit zu erledigen.
Ich bin eine **Magd** auf der Burg und diene der Burgherrin und ihren Verwandten. Mein Name ist **Helena** und ich bin seit kurzem mit dem Knecht Ott verlobt. Rühreier sind seine Leibspeise und da Eier und Milch reichlich vorhanden sind, bereite ich sie ihm oft und gerne zu. Zu gerne würde ich auch mal ein bisschen Speck in die Eier geben, aber leider sind die Fleischwaren den Herrschaften zugedacht.
Meine Aufgabe auf der Burg besteht darin, die Herrin zu unterstützen, wenn sie Kleidung für den Winter näht. Ich muss meistens die Vorarbeit leisten und Wolle spinnen, die ich zuvor bei einem Bauern in der Nähe eingeholt habe.
Doch hauptsächlich arbeite ich in der Küche. Zusammen mit anderen Mägden und dem Küchenmeister kümmere ich mich darum, den Speiseplan, den die Herrin zusammenstellt, zuzubereiten. Auf unserer Burg leben sehr viele Menschen, daher müssen wir wirklich hart arbeiten, um alle satt zu bekommen. Das Wasser zum Kochen holen wir von dem nächst gelegenen Brunnen. Ich bin sehr dankbar, dass wir hier oben einen Brunnen haben. Denn manchmal werden wir von Feinden belagert oder angegriffen und das Burgtor wird verriegelt. So sind wir komplett vor der Außenwelt geschützt, aber eben auch abgeschlossen. Dank dem Brunnen ist die Wasserversorgung dennoch gewährleistet.

A1 Lies den Text und markiere nach den bekannten Regeln und Tipps. Deine Aufgabe ist es, einen Steckbrief zu diesem Burgbewohner zu erstellen und diesen später zu präsentieren. Vielleicht hilft es dir, dich in den Burgbewohner hineinzuversetzen: Welche Aufgaben hatte die Person? Hatte sie vielleicht eine Leibspeise? Und wie verbrachte sie ihre Freizeit?

Das Leben auf einer Burg im Mittelalter war von viel Arbeit und Struktur geprägt, da oft viele hunderte Menschen dort wohnten. So hatte jeder seine täglichen Aufgaben vom Morgengrauen bis zum Einbruch der Dunkelheit zu erledigen.
Ich bin **Ott**, einer der **Knechte** auf Graf Humberts Burg. Meine Hauptaufgabe besteht darin, Felder, Weinberge und Wälder zu versorgen. Je nach Jahreszeit kümmern wir uns um die verschiedenen Bereiche. Im Frühjahr säen wir Getreide und Gemüse auf den Feldern aus. Im Sommer tragen wir die Ernte ein und im Herbst kümmern wir uns um die Reben. Auch wenn ich unseren Wein sehr gerne trinke, versuche ich, seit Jahren den Herrn davon zu überzeugen, Obstbäume auf seinen Ländereien zu kultivieren. So könnten wir auch mal frischen Saft aus Birnen, Kirschen oder Äpfeln genießen. Ein Tag ist lang von Sonnenaufgang bis zum Einbruch der Dunkelheit, daher freue ich mich schon auf den Winter. Denn dann liegen die Felder brach und die Landwirtschaft ruht, so kann ich mit meiner Liebsten, der Magd Helena, etwas mehr Zeit verbringen. Sicherlich zaubert sie mir wieder öfter ihre himmlisch duftenden Rühreier.
Andere Knechte kümmern sich den ganzen Tag um die Pferde des Herrn. Sie pflegen und füttern sie und sorgen dafür, dass sie stets bereit für den nächsten Ausritt sind. Für mich wäre das nichts, dieser Gestank den ganzen Tag ...

A1 Lies den Text und markiere nach den bekannten Regeln und Tipps. Deine Aufgabe ist es, einen Steckbrief zu diesem Burgbewohner zu erstellen und diesen später zu präsentieren. Vielleicht hilft es dir, dich in den Burgbewohner hineinzuversetzen: Welche Aufgaben hatte die Person? Hatte sie vielleicht eine Leibspeise? Und wie verbrachte sie ihre Freizeit?

Das Leben auf einer Burg im Mittelalter war von viel Arbeit und Struktur geprägt, da oft viele hunderte Menschen dort wohnten. So hatte jeder seine täglichen Aufgaben vom Morgengrauen bis zum Einbruch der Dunkelheit zu erledigen. Ich bin hier der **Schmied** auf der Burg und heiße **Max**. Für meinen Herrn muss ich jeden Tag mit Hammer und Amboss am heißen Feuer arbeiten. Unter den Burgbewohnern bin ich aufgrund meines Handwerks hoch angesehen. Ich stelle nicht nur alltägliche Gebrauchsgegenstände, wie Nägel und Messer her, sondern bin auch dafür zuständig, Hufeisen zu schmieden und die Pferde zu beschlagen. Zudem stelle ich Waffen, wie Schwerter her oder repariere sie, wenn Humbert das Spielen mal wieder nicht lassen konnte oder aus einer Schlacht zurückkehrt. Die fertigen Waffen und Rüstungen muss ich dann in die Rüstkammer tragen, ein Raum in dem sie aufbewahrt werden. Zu gerne würde ich nach meiner harten Arbeit mal in einen schönen saftigen Schinken beißen, aber das ist für uns Bedienstete sehr selten möglich. Immerhin kann ich mir täglich ein würziges Bier gönnen. Da das Wasser durch Bakterien oft Krankheiten verursacht, ist Bier unser Hauptgetränk. Zudem ist es aufgrund seines Zuckergehaltes ein willkommenes und stärkendes Grundnahrungsmittel.

A1 Lies den Text und markiere nach den bekannten Regeln und Tipps. Deine Aufgabe ist es, einen Steckbrief zu diesem Burgbewohner zu erstellen und diesen später zu präsentieren. Vielleicht hilft es dir, dich in den Burgbewohner hineinzuversetzen: Welche Aufgaben hatte die Person? Hatte sie vielleicht eine Leibspeise? Und wie verbrachte sie ihre Freizeit?

Das Leben auf einer Burg im Mittelalter war von viel Arbeit und Struktur geprägt, da oft viele hunderte Menschen dort wohnten. So hatte jeder seine täglichen Aufgaben vom Morgengrauen bis zum Einbruch der Dunkelheit zu erledigen. Mein Name ist **Jacob** und ich bin der **Kaplan** der Burg. Die meiste Zeit verbringe ich in der Burgkapelle mit Beten. Sie ist einer der höchsten Räume der Burg, um dem Himmel ganz nahe zu sein. Für die Burgbewohner halte ich regelmäßig Gottesdienste oder lese ihnen am Abend auch gerne mal etwas vor. Am Sonntag ist hier auf der Burg der Tag der Erholung und die meisten Burgbewohner nutzen dies für den Kirchgang, sodass es dann auch mal enger werden kann in unserer Burgkapelle.
Für den Burgherren bin ich ein sehr wichtiger und enger Vertrauter, da ich der Einzige auf der Burg bin, der lesen und schreiben kann. Das habe ich in der Klosterschule gelernt, sodass ich die lateinischen Gebete verstehe. Ich kümmere mich neben den religiösen Aufgaben um die Post des Burgherrn und vertragliche Abhandlungen. Wenn es die Zeit zulässt, kümmere ich mich um die schulische Bildung der fünf Kinder des Grafen Humberts und seiner Frau Eleonore. Ich habe den Luxus, täglich eine Stunde Freizeit zu haben. Diese verbringe ich am liebsten damit, in den Gärten und Wäldern spazieren zu gehen oder ein Nickerchen zu machen.

A1 Lies den Text und markiere nach den bekannten Regeln und Tipps. Deine Aufgabe ist es, einen Steckbrief zu diesem Burgbewohner zu erstellen und diesen später zu präsentieren. Vielleicht hilft es dir, dich in den Burgbewohner hineinzuversetzen: Welche Aufgaben hatte die Person? Hatte sie vielleicht eine Leibspeise? Und wie verbrachte sie ihre Freizeit?

Das Leben auf einer Burg im Mittelalter war von viel Arbeit und Struktur geprägt, da oft viele hunderte Menschen dort wohnten. So hatte jeder seine täglichen Aufgaben vom Morgengrauen bis zum Einbruch der Dunkelheit zu erledigen. Ich bin **Eleonore, die Burgherrin** und Frau von Humbert. Wir haben geheiratet als ich 14 Jahre alt war und wir haben gemeinsam fünf Kinder. Für die Erziehung unserer Söhne und Töchter bin ich zuständig. Von mir lernen sie, sich vornehm und edel gegenüber anderen zu verhalten. Zudem kümmere ich mich um den Haushalt insofern, dass ich den Speiseplan erstelle und kontrolliere, ob unsere Mägde und Knechte verantwortungsvoll ihren Aufgaben nachgehen. Um die Verköstigung meiner Familie kümmere ich mich sehr gerne. Ich versuche stets dafür zu sorgen, dass ausreichend Vorräte da sind und die Ernährung ausgewogen ist. Getreide, Eier, Milch und Gemüse haben wir ausreichend aus eigener Landwirtschaft. Manchmal gönne ich es uns, dass ich Zucker und Gewürze aus fernen Ländern herbeischaffen lasse, schließlich können wir es uns leisten. Im Winter wird es sehr kalt bei uns hier oben auf der Burg und oft sind wir wegen des vielen Schnees von der Außenwelt für längere Zeit abgeschlossen. Für diese Zeit nähe, spinne und webe ich selbst warme Kleidung aus Leinen und Wolle. Dieses Handwerk habe ich von meiner Mutter gelernt und gebe es auch an meine beiden Töchter Margret und Afra weiter. Wenn mein Mann auf Reisen ist, bin ich dafür zuständig, die Burg zu führen. Ich sorge dann dafür, dass alles reibungslos abläuft und erteile den Dienstboten entsprechende Anweisungen.

A1 Lies den Text und markiere nach den bekannten Regeln und Tipps. Deine Aufgabe ist es, einen Steckbrief zu diesem Burgbewohner zu erstellen und diesen später zu präsentieren. Vielleicht hilft es dir, dich in den Burgbewohner hineinzuversetzen: Welche Aufgaben hatte die Person? Hatte sie vielleicht eine Leibspeise? Und wie verbrachte sie ihre Freizeit?

Das Leben auf einer Burg im Mittelalter war von viel Arbeit und Struktur geprägt, da oft viele hunderte Menschen dort wohnten. So hatte jeder seine täglichen Aufgaben vom Morgengrauen bis zum Einbruch der Dunkelheit zu erledigen. Mein Name ist **Diether** und ich bin der **Vogt** von Graf Humbert. Als eine Art Anwalt und Manager bewache ich die Bediensteten, kümmere mich um Verwaltungsaufgaben und befehle Dienern, Pagen und Zimmermädchen ihre Aufgaben. Sobald Besuch ansteht, bin ich dafür zuständig, die Zimmer für die Gäste herrichten zu lassen. Ich habe einiges zu sagen auf dieser Burg, aber das bedeutet auch jede Menge Arbeit und viel Verantwortung. Ich besitze die wichtigsten Schlüssel der Burg und muss dafür sorgen, dass alles abgeschlossen ist. Einmal im Jahr reise ich durch die Ländereien des Burgherrn und treibe die Steuern von den Bauern ein. Alle Bewohner unseres Gebietes müssen eine Zwangsabgabe ihrer Ernte und Einnahmen vollziehen. Manchmal versuchen sie mich über den Tisch zu ziehen, aber da weiß ich mir schon zu helfen und kassiere gerne mal einen leckeren Truthahn ein, den mir die Magd Helena am Abend zu einem Leckerbissen zubereitet.

A1 Lies den Text und markiere nach den bekannten Regeln und Tipps. Deine Aufgabe ist es, einen Steckbrief zu diesem Burgbewohner zu erstellen und diesen später zu präsentieren. Vielleicht hilft es dir, dich in den Burgbewohner hineinzuversetzen: Welche Aufgaben hatte die Person? Hatte sie vielleicht eine Leibspeise? Und wie verbrachte sie ihre Freizeit?

Das Leben auf einer Burg im Mittelalter war von viel Arbeit und Struktur geprägt, da oft viele hunderte Menschen dort wohnten. So hatte jeder seine täglichen Aufgaben vom Morgengrauen bis zum Einbruch der Dunkelheit zu erledigen.
Ich gehöre als **Minnesänger** zu der Gruppe der Gaukler und Spielleute. Mein Name ist **Endres** und ich ziehe von Dorf zu Dorf. Halt mache ich meist auf einer Burg, um ein bisschen Abwechslung in den harten Alltag hier zu bringen. Graf Humberts Burg scheint mir ein guter Ort, ein paar Tage zu verweilen und meine Gesänge zum Besten zu geben. Der Minnesang ist eine besondere Form der Liebeslyrik, in der ich zum Beispiel gerne von einer idealen und besonders romantischen Liebesgeschichte zwischen einer edlen Dame und einem Ritter erzähle. Die ritterlichen Tugenden finde ich besonders erstrebenswert, sodass ich sie stets in meinen Liedern lobpreise. Mein Goldkehlchen öle ich täglich mit Honig, sodass es schön geschmeidig bleibt und ich noch lange als Minnesänger durch die Länder ziehen kann. Da trifft man so manch holde Maid sage ich dir ...

Die Burg des Grafen Humbert

A Beschrifte die Burg mit den passenden Begriffen.

1. Die **Vorburg** befindet sich gleich nach dem Burgtor hinter der äußeren Ringmauer. Hier wohnt das Gesinde fast wie in einem kleinen Dorf. Auch die Ställe der Tiere und ihre Wirtschaftsräume sind hier untergebracht.

2. Von einer weiteren inneren Ringmauer umgeben thront die **Hauptburg**. Hier lebt die Familie des Burgherren und es gibt einen eigenen Brunnen. Die Hauptburg schließt Palas, Burgkapelle und Burgfried mit ein.

3. **Palas** wird das Wohnhaus der Burgherrenfamilie genannt.

4. In der **Burgkapelle** wird gebetet und Gottesdienste gefeiert.

5. Die **Zugbrücke** befindet sich am Burgtor, dem Eingang zur Burg. Sobald Gefahr droht wird die Zugbrücke eingezogen.

6. Von den Wachtürmen aus überwachen die Wächter das ganze Land. Der wichtigste **Wachturm** ist der Burgfried, allerdings befindet sich dieser nicht in der äußeren Ringmauer.

7. Die **Pechnasen** dienten uns bei Angriffen dazu, dass wir die Feinde mit heißem Pech überschütten konnten.

8. Der **Burgfried** befindet sich direkt hinter der inneren Ringmauer als höchstes Gebäude der Burg. Er ist nicht nur Wachturm, sondern auch Fluchtort, wenn Fremde sich der Burg nähern. Die Einstiegsleiter, über die man in den Turm gelangt, wird dann hochgezogen.

LS 07 Mittelalterliche Stadt – Spurensuche hinter den Mauern

		Zeitrichtwert	Lernaktivitäten	Material	Kompetenzen
1	PL	5'	L gibt einen Überblick über den Ablauf der Stunde.		– themenzentriert Informationen beschaffen und auswerten – Umgang mit Inhaltsverzeichnissen und Schlagwortregistern üben – einen Sachtext lesen und wichtige Informationen aufschreiben – Schlüsselwörter identifizieren – einen Spickzettel gestalten – eine Erkundung planen – Forschungsinteressen eingrenzen und eigene Fragen entwickeln – Korrelation herstellen
2	EA	10'	S lesen eine Rechercheanweisung und überlegen Nachschlagestrategien.	M1.A1–A2 – M5.A1–A2	
3	PA	10'	S tauschen sich im Doppelkreis aus.		
4	EA	25'	S schlagen anweisungsgemäß nach und schreiben Informationen heraus.	Schulbuch, Haftstreifen	
5	GA	15'	S vergleichen Rechercheergebnisse.		
6	EA	20'	S erstellen Spickzettel.	Karten	
7	GA	25'	S präsentieren Rechercheergebnisse.		
8	PL	15'	S tauschen Eindrücke und Fragen aus, L fixiert diese an der Tafel.		
9	PL	10'	L erläutert HA.		
10	GA	30'	S tauschen konkrete Ideen und Fragen aus und erstellen einen Erkundungsbogen.	(evtl. PC)	
11	PL	90'	S führen Erkundung durch.		
12	PL/ HA	15'	S reflektieren Erkundung und schreiben als Hausaufgabe einen Würdigungsbericht.		

Erläuterungen zur Lernspirale

Ziel der Einheit ist, dass die Schüler die Lebenswelt der mittelalterlichen Stadt analysieren. Sie können den damals entstandenen Satz „Stadtluft macht frei!" erläutern, mit der Gegenwart vergleichen und bewerten. Abschließend wenden sie ihr Wissen an und bereiten eine Stadterkundung vor, um sich auf Spurensuche in der eigenen Heimat zu begeben.

Zum Ablauf im Einzelnen:
Im **1. Arbeitsschritt** gibt der Lehrer einen Überblick über den Ablauf der bevorstehenden Stunde.

Im **2. Arbeitsschritt** lesen die Schüler ihre zugeloste Rechercheanweisung (M1–M5) und überlegen sich im Tandem, wie man im Schulbuch etwas finden kann.

Im **3. Arbeitsschritt** tauschen sich die Schüler kurz im Doppelkreis aus, wie sie bei ihrer Recherche vorgehen möchten. So erlangen sie mehr Sicherheit.

Im **4. Arbeitsschritt** machen sich die Schüler daran, anweisungsgemäß die wichtigsten Informationen nachzuschlagen und bestimmte Informationen zu suchen. Sie machen wichtige Stellen und Seiten kenntlich und schreiben erste Informationen auf einen bereitgelegten Zettel.

Im **5. Arbeitsschritt** gehen die Schüler in einer Stammgruppe zusammen, die sich aus dem gemeinsamen Thema ergibt. Die Gruppenmitglieder vergleichen und besprechen ihre Rechercheergebnisse und thematisieren etwaige Schwierigkeiten, auch oder besonders auf methodischer Ebene.

Im **6. Arbeitsschritt** erstellen die Schüler Spickzettel für die nachfolgende Präsentation. Sie protokollieren darauf die gefundenen Informationen und erstellen anschauliche Exzerpte.

Im **7. Arbeitsschritt** berichten die Schüler in Mischgruppen (jeweils ein Experte aus jeder Gruppe) über ihre Recherchearbeit und die dabei erzielten Ergebnisse.

Im **8. Arbeitsschritt** werden im Plenum Eindrücke und Fragen gesammelt und dokumentiert. Ob der Lehrer und/oder die Schüler diese schriftlich fixieren, ist individuell zu entscheiden.

Im **9. Arbeitsschritt** stellt der Lehrer das Vorhaben einer Stadterkundung vor und erläutert die dazu vorbereitende Hausaufgabe (mit vorbereitenden Fragen).

Im **10. Arbeitsschritt** tauschen sich die Schüler in Zufallsgruppen über die konkrete Erkundungsarbeit und Fragen aus. Sie erstellen einen Erkundungsbogen.

Im **11. Arbeitsschritt** führen die Schüler die Erkundung durch.

Im **12. Arbeitsschritt** werten die Schüler die Erkundung aus und reflektieren diese. Abschließend schreiben die Schüler einen Würdigungsbericht. Dieser kann als Hausaufgabe bearbeitet werden.

✓ Merkposten

Die Lernspirale besteht aus zweimal drei Stunden, es können jederzeit Sollbruchstellen eingefügt werden.

Nach Bedarf können mehrere Schulbücher für die Lernspirale verwendet werden und/oder Rechercheaufträge ausgewählt werden.

Tipp

Für Arbeitsschritt 2 können gezielte Hinweise und Vorübungen zum alphabetischen Ordnungssystem sowie zur Formulierung konkreter Suchbegriffe notwendig sein.

07 Mittelalterliche Stadt – Spurensuche hinter den Mauern

Gruppe 1

A1 Recherchearbeit heute mal ohne Internet. Wir nutzen das gute alte Schulbuch. Es geht darum, gezielt nachzuschlagen, um möglichst schnell die wichtigsten Informationen zu erhalten. Der Vorteil des Schulbuchs ist, dass man die Infos bereits ziemlich gut auf den Punkt gebracht serviert bekommt.

Wie du bereits weißt, wurden die meisten Städte um 1100 gegründet. Auch ein paar grundlegende Dinge über die Städte im Mittelalter hast du bereits erfahren. Nun geht es darum, ins Detail zu gehen, zu verschiedenen Themen zu recherchieren und die mittelalterliche Stadt mit unserem Stadtleben heute zu vergleichen.
Später wirst du als Experte zu folgendem Thema präsentieren müssen:

Verschiedene Bevölkerungsschichten – die Bewohner einer Stadt

A2 Entscheide dich für eine der Aussagen und schreibe den Satz zu Ende.

- ☐ Das Leben im Mittelalter war wirklich besser als heute, weil …
- ☐ Das Leben heute ist besser als damals im Mittelalter, weil …

____

____

Gruppe 2

A1 Recherchearbeit heute mal ohne Internet. Wir nutzen das gute alte Schulbuch. Es geht darum, gezielt nachzuschlagen, um möglichst schnell die wichtigsten Informationen zu erhalten. Der Vorteil des Schulbuchs ist, dass man die Infos bereits ziemlich gut auf den Punkt gebracht serviert bekommt.

Wie du bereits weißt, wurden die meisten Städte um 1100 gegründet. Auch ein paar grundlegende Dinge über die Städte im Mittelalter hast du bereits erfahren. Nun geht es darum, ins Detail zu gehen, zu verschiedenen Themen zu recherchieren und die mittelalterliche Stadt mit unserem Stadtleben heute zu vergleichen.
Später wirst du als Experte zu folgendem Thema präsentieren müssen:

Merkmale im Aussehen einer typischen mittelalterlichen Stadt

A2 Entscheide dich für eine der Aussagen und schreibe den Satz zu Ende.

- ☐ Das Leben im Mittelalter war wirklich besser als heute, weil …
- ☐ Das Leben heute ist besser als damals im Mittelalter, weil …

____

____

Gruppe 3

A1 Recherchearbeit heute mal ohne Internet. Wir nutzen das gute alte Schulbuch. Es geht darum, gezielt nachzuschlagen, um möglichst schnell die wichtigsten Informationen zu erhalten. Der Vorteil des Schulbuchs ist, dass man die Infos bereits ziemlich gut auf den Punkt gebracht serviert bekommt.

Wie du bereits weißt, wurden die meisten Städte um 1100 gegründet. Auch ein paar grundlegende Dinge über die Städte im Mittelalter hast du bereits erfahren. Nun geht es darum, ins Detail zu gehen, zu verschiedenen Themen zu recherchieren und die mittelalterliche Stadt mit unserem Stadtleben heute zu vergleichen.
Später wirst du als Experte zu folgendem Thema präsentieren müssen:

Markt – Schauplatz und Mittelpunkt des mittelalterlichen Stadtlebens

A2 Entscheide dich für eine der Aussagen und schreibe den Satz zu Ende.
- ☐ Das Leben im Mittelalter war wirklich besser als heute, weil …
- ☐ Das Leben heute ist besser als damals im Mittelalter, weil …

Gruppe 4

A1 Recherchearbeit heute mal ohne Internet. Wir nutzen das gute alte Schulbuch. Es geht darum, gezielt nachzuschlagen, um möglichst schnell die wichtigsten Informationen zu erhalten. Der Vorteil des Schulbuchs ist, dass man die Infos bereits ziemlich gut auf den Punkt gebracht serviert bekommt.

Wie du bereits weißt, wurden die meisten Städte um 1100 gegründet. Auch ein paar grundlegende Dinge über die Städte im Mittelalter hast du bereits erfahren. Nun geht es darum, ins Detail zu gehen, zu verschiedenen Themen zu recherchieren und die mittelalterliche Stadt mit unserem Stadtleben heute zu vergleichen.
Später wirst du als Experte zu folgendem Thema präsentieren müssen:

Laut, bunt, dreckig – „Stadtluft macht frei"?

A2 Entscheide dich für eine der Aussagen und schreibe den Satz zu Ende.
- ☐ Das Leben im Mittelalter war wirklich besser als heute, weil …
- ☐ Das Leben heute ist besser als damals im Mittelalter, weil …

Gruppe 5

A1 Recherchearbeit heute mal ohne Internet. Wir nutzen das gute alte Schulbuch. Es geht darum, gezielt nachzuschlagen, um möglichst schnell die wichtigsten Informationen zu erhalten. Der Vorteil des Schulbuchs ist, dass man die Infos bereits ziemlich gut auf den Punkt gebracht serviert bekommt.

Wie du bereits weißt, wurden die meisten Städte um 1100 gegründet. Auch ein paar grundlegende Dinge über die Städte im Mittelalter hast du bereits erfahren. Nun geht es darum, ins Detail zu gehen, zu verschiedenen Themen zu recherchieren und die mittelalterliche Stadt mit unserem Stadtleben heute zu vergleichen.
Später wirst du als Experte zu folgendem Thema präsentieren müssen:

Die Arbeit der Handwerker war streng geregelt – Zünfte

A2 Entscheide dich für eine der Aussagen und schreibe den Satz zu Ende.

- ☐ Das Leben im Mittelalter war wirklich besser als heute, weil …
- ☐ Das Leben heute ist besser als damals im Mittelalter, weil …

LS 08 Lebendige Gegenwart – ein mittelalterliches Fest planen und durchführen

		Zeitrichtwert	Lernaktivitäten	Material	Kompetenzen
1	PL	5'	L gibt einen Überblick über den Ablauf der Stunde und stellt die Projekarbeit vor.		– eine Projektidee entwickeln – ein Projekt planen, organisieren und durchführen – Ergebnisse protokollieren – vor einer Gruppe präsentieren – Problemlösefähigkeit und Frustrationstoleranz erweitern
2	EA	15'	S lesen Projektbeschreibung, notieren Unklarheiten und stellen erste Überlegungen an.	M1.A1	
3	GA	30'	S entwickeln Ideen, schreiben einen Zeitplan und Maßnahmekatalog. Sie fixieren geplante Arbeitsschritte.	M1.A2	
4	PA	30'	S recherchieren zum Projektauftrag.		
5	GA	20'	S präsentieren Recherchebefunde und dokumentieren Zwischenergebnisse.	M1.A3	
6	PL	20'	S präsentieren Zwischenergebnisse. Zuhörer geben Rückmeldung.		
7	PL	30'	S fixieren Optimierungsvorschläge. Plenum entscheidet über Realisierung der Projektideen.		
8			S führen das Projekt durch.		
9	PL	30'	S reflektieren das Projekt und ziehen Bilanz. L dokumentiert Vorsätze.		

Erläuterungen zur Lernspirale

Ziel der Einheit ist, dass die Schüler als abschließende Einheit zum Thema Mittelalter einen mittelalterlichen Tag für die Schule projektartig vorbereiten, durchführen und nachbereiten. Dabei nutzen sie ihr neu erworbenes Expertenwissen.

Zum Ablauf im Einzelnen:
Im **1. Arbeitsschritt** gibt der Lehrer einen Überblick über den Ablauf der bevorstehenden Stunde und teilt den Schülern Informationen über das anstehende Projekt mit.

Im **2. Arbeitsschritt** lesen die Schüler in Einzelarbeit die Projektbeschreibung (M1.A1), notieren sich etwaige Unklarheiten und überlegen, wie sie die Projektarbeit angehen können. An dieser Stelle kann die Lehrkraft nur den groben Rahmen oder genauere Angaben vorgeben. Beispielsweise ein mittelalterliches Schulfest oder auch nur einen Verkaufsstand in der Pause mit mittelalterlichen Snacks. Unumgänglich ist es, entsprechende Medien und Anschauungsmaterialien zur Verfügung zu stellen.

Im **3. Arbeitsschritt** entwickeln die Schüler in Zufalls- oder Neigungsgruppen Ideen und einen Zeitplan inklusive Maßnahmenkatalog und fixieren die geplanten Arbeitsschritte schriftlich. Während dieser Phase begleitet und unterstützt die Lehrkraft intensiv.

Im **4. Arbeitsschritt** machen sich die Schüler in Tandems daran, die nötigen Recherchen für die Erledigung des Projektauftrags vorzunehmen. Sie lesen, telefonieren, interviewen etc.

Im **5. Arbeitsschritt** gehen die Tandems zurück in ihre Stammgruppen, präsentieren ihre Recherchebefunde und dokumentieren die Zwischenergebnisse. Dokumentiert wird mittels Plakat, Wandzeitung o. Ä.

Im **6. Arbeitsschritt** stellt ein ausgeloster Schüler pro Gruppe die Ergebnisse im Plenum vor. Es empfiehlt sich, im Unterrichtsgespräch auf offene Fragen einzugehen. Die Zuhörer geben Rückmeldung und äußern Optimierungsvorschläge. Zudem wird an dieser Stelle entschieden, welche Projektideen realisierbar sind oder nicht.

Im **7. Arbeitsschritt** fixieren alle Schüler die Optimierungsvorschläge und verteilen die unterschiedlichen Arbeitsgebiete.

Im **8. Arbeitsschitt** wird das Projekt durchgeführt.

Im **9. Arbeitsschritt** reflektieren die Schüler das Projekt. Sie bilanzieren Gelungenes und Problematisches und stimmen sich ab, was sie beim nächsten Projekt anders und besser machen möchten. Die Lehrkraft dokumentiert die Vorsätze.

Tipp

Es hat sich bewährt, bei derartigen Projekttagen mit der Schulleitung und dem Lehrerkollegium ins Gespräch zu gehen, um organisatorische Rahmenbedingungen abzuklären. Ob dies auch von Seiten der Schülerschaft geschieht, liegt im jeweiligen Ermessen der Lehrkraft.
Das Projekt kann im Rahmen eines Schulfestes durchgeführt werden oder ein Aktionstag der Schule sein. Unterstützung bekommt man gegebenfalls auch von Seiten der Eltern, diese könnten aber auch als Gäste geladen sein.

Notizen:

08 Lebendige Gegenwart – ein mittelalterliches Fest planen und durchführen

A1 Nachdem ihr Euch nun intensiv mit dem Thema Mittelalter auseinandergesetzt habt, ist es eure Aufgabe ein Abschlussprojekt zu planen und durchzuführen. Etwa ein Fest mit Spiel und Gesang, eine Modenschau in Leinengewändern, ein großes Rittermahl oder alles in Einem? Welche Ideen hast du? Was braucht es für die Umsetzung? Notiere deine Fragen und Gedanken.

A2 Entwickelt in Stammgruppen einen Zeitplan und Maßnahmenkatalog.
Fixiert die geplanten Schritte schriftlich, um dann in Tandems dazu zu recherchieren.

A3 Präsentiert eure Rechercheergebnisse aus den Tandems in euren Stammgruppen.
Haltet die Zwischenergebnisse auf einem Plakat fest

LS 01 Karl der Große – Eroberer und „Vater Europas“

		Zeitrichtwert	Lernaktivitäten	Material	Kompetenzen
1	PL	5’	L gibt einen Überblick über den Ablauf der Stunde und teilt M1 aus.	M1	– Sachtext lesen – Notizen machen – eine Geschichtskarte auswerten – Präsentationen in kleinen und großen Gruppen durchführen
2	EA	15’	S lesen und markieren den Sachtext.	M1.A1	
3	PL	15’	L bündelt relevante Inhalte und Erkenntnisse der S in einem Unterrichtsgespräch.		
4	EA	10’	S betrachten Geschichtskarte und versuchen, diese auszuwerten.	M2	
5	PA	10’	S reflektieren Arbeit mit der Karte im Doppelkreis.		
6	PA	5’	S erarbeiten Regeln und Tipps zum Auswerten einer Geschichtskarte.	M3.A1	
7	GA	20’	S werten Geschichtskarte aus und notieren ihre Erkenntnisse.		
8	PL	10’	S präsentieren ihre Ergebnisse. Lehrergelenktes Unterrichtsgespräch.		
9	EA		Als Hausaufgabe übernehmen die S Regeln und Tipps in den Methodenordner.		

Erläuterungen zur Lernspirale

Ziel der Doppelstunde ist, dass die Schüler Karl den Großen als eine der tragenden Schlaglichter der deutschen Geschichte charakterisieren können. Sie beschreiben die Zeitumstände und erläutern seine maßgebliche Bedeutung für Europa. Weiter konkretisieren und vertiefen sie ihre Feststellungen durch die Auswertung einer Geschichtskarte.

Zum Ablauf im Einzelnen:
Im **1. Arbeitsschritt** gibt der Lehrer einen Überblick über den Ablauf der bevorstehenden Stunde und teilt den Sachtext (M1) aus.

Im **2. Arbeitsschritt** lesen die Schüler einen Sachtext zu Karl dem Großen (M1.A1). Sie markieren dabei unklare und relevante Stellen. Möglich sind auch Randnotizen.

Im **3. Arbeitsschritt** tauschen sich die Schüler in einem lehrergelenkten Unterrichtsgespräch über die fachlichen Inhalte des Sachtextes aus. Sie beschreiben Charakter und Zeitumstände der damaligen Zeit.

Im **4. Arbeitsschritt** erhalten die Schüler eine Geschichtskarte, auf welcher Europa zur Herrschaftszeit Karl des Großen zu sehen ist (M2). In dieser Arbeitsphase geht es noch nicht vorrangig um die inhaltliche Auswertung. Genauer sollen die Schüler im Sinne von „Trial and Error“ versuchen, die Karte auszuwerten.

Im **5. Arbeitsschritt** reflektieren die Schüler im Doppelkreis die Methode der Kartenauswertung, sie tauschen sich über Schwierigkeiten und Gelungenes aus und stellen mögliche Regeln und Tipps auf.

Im **6. Arbeitsschritt** erarbeiten die Schüler mithilfe des Arbeitsblattes (M3) Regeln und Tipps zum Auswerten einer Geschichtskarte. Sie bringen diese in die richtige Reihenfolge und überprüfen per Selbstkontrolle.

Im **7. Arbeitsschritt** werten die Schüler die Geschichtskarte mithilfe der erarbeiteten Regeln und Tipps aus. Eine Legende hilft ihnen dabei, den Inhalt und Aufbau der Karte möglichst schlüssig zu erfassen. Sie notieren schriftlich ihre Erkenntnisse.

Im **8. Arbeitsschritt** werden nach dem Losverfahren Gruppen ermittelt, die ihre Erkenntnisse vor der ganzen Klasse präsentieren. Je nach Klassengröße und verbleibender Zeit präsentieren entweder alle Gruppen oder nur zwei oder drei. Im letzteren Fall können die anderen Gruppen mündlich Ergänzungen oder Verbesserungen anbringen. In einem lehrergelenkten Unterrichtsgespräch muss abschließend sichergestellt sein, dass auf die Namensgebung „Vater Europas“ und damit die Bedeutung Karl des Großen für Europa, eingegangen wurde.

Im **9. Arbeitsschritt** übernehmen die Schüler die Regeln und Tipps als Hausaufgabe in ihren Methodenordner.

✓ Merkposten

Für die Gruppenarbeit im 5. Arbeitsschritt sollte man auch Moderationskärtchen und kleineres Papier im DIN-A5-Format bereitstellen. So können einzelne Elemente des Plakats arbeitsteilig erstellt und am Schluss auf dem Plakat arrangiert werden.

Tipp

Spätestens an dieser Stelle empfiehlt es sich, ein Portfolio oder einen Methodenordner anzulegen, in welchem sowohl ausgefüllte Bögen, wichtige methodische Tipps oder aber auch Vorsätze und Ideen für das zukünftige methodische Vorgehen gesammelt werden. Es ist absichtlich nicht notiert, ob und wie die Regeln in den Methodenordner übernommen werden sollen. Entscheiden Sie, ob ihre Schüler sie einkleben, abschreiben, abheften o.ä.

01 Karl der Große – Eroberer und „Vater Europas“

A1 Lies den Text und markiere nach den bekannten Regeln und Tipps.

Im Mittelalter herrschten im heutigen Deutschland die Bayern, die Sachsen und die Franken. Die Anführer ihrer Stämme hatten große Macht. So auch Karl der Große. Nach dem Tod seines Vaters König Pippin im Jahre 768 teilte er die Herrschaft mit seinem jüngeren Bruder Karlmann. Doch Karl isolierte seinen Bruder und mit nur 29 Jahren übernahm er die Alleinherrschaft über das Frankenreich und regierte von 771 bis 814. Während seiner Zeit als Alleinherrscher besaß er, wie alle mittelalterlichen Herrscher, keine feste Residenz. Er reiste mit seinem Hofstaat durch sein Reich und machte in einer seiner Pfalzen (über das Land verteilte Königshöfe) für einige Wochen Station. So konnte er persönlich seine Herrschaft ausüben und politische Amtshandlungen ausführen und regeln.
Zu seiner Lieblingspfalz wurde Aachen, in erster Linie wegen seiner warmen Heilquellen. Aachen war der Ort, an dem er am 28. Januar 814 starb. Karl der Große wurde in Münster beigesetzt.
Im Jahr 800 wurde er von Papst Leo III. um Unterstützung in einem Streit gegen die Römer gebeten. Leo der III. sah nämlich seine Machtstellung unter den römisch-katholischen Christen gefährdet. So zog er nach Rom, war erfolgreich und wurde infolgedessen im weihnachtlichen Festgottesdienst vom Papst gesalbt und zum Kaiser gekrönt. Von nun an hieß er „Karl, der erhabene, von Gott gekrönte, große und Friede bringende Kaiser, der das römische Reich regiert, und durch das Erbarmen Gottes König der Franken und Langobarden“.
Als König der Franken und Langobarden sowie als römischer Kaiser zog er fortan durch Europa, verpflichtet, die Kirche zu schützen und den christlichen Glauben zu verbreiten. Er war ein bedeutender Feldherr. Sein Reich erweiterte Karl in vielen Feldzügen, darunter bei weitem nicht nur die Reiche der Sachsen und Bayern. Lediglich einmal musste er eine Niederlage einstecken. Trotz aller Brutalität suchte Karl I. Versöhnung zwischen Franken und Sachsen, so ließ er beispielsweise 10 000 Menschen aus Sachsen umsiedeln.

Karl dem Großen war es wichtig, dass seine Untertanen gebildet sind. So richtete er viele Schulen ein und schuf die Urform unserer heutigen Schrift, die Karolingische Minuskel. Da er immer wieder die bedeutendsten Gelehrten auf seinem Hof versammelte, erfuhren Wissenschaft, Bildung und Kunstpflege einen erheblichen Aufschwung.

karolingische minuskel

Karl der Große – Eroberer und „Vater Europas“

A Betrachte die Karte und interpretiere den Inhalt.

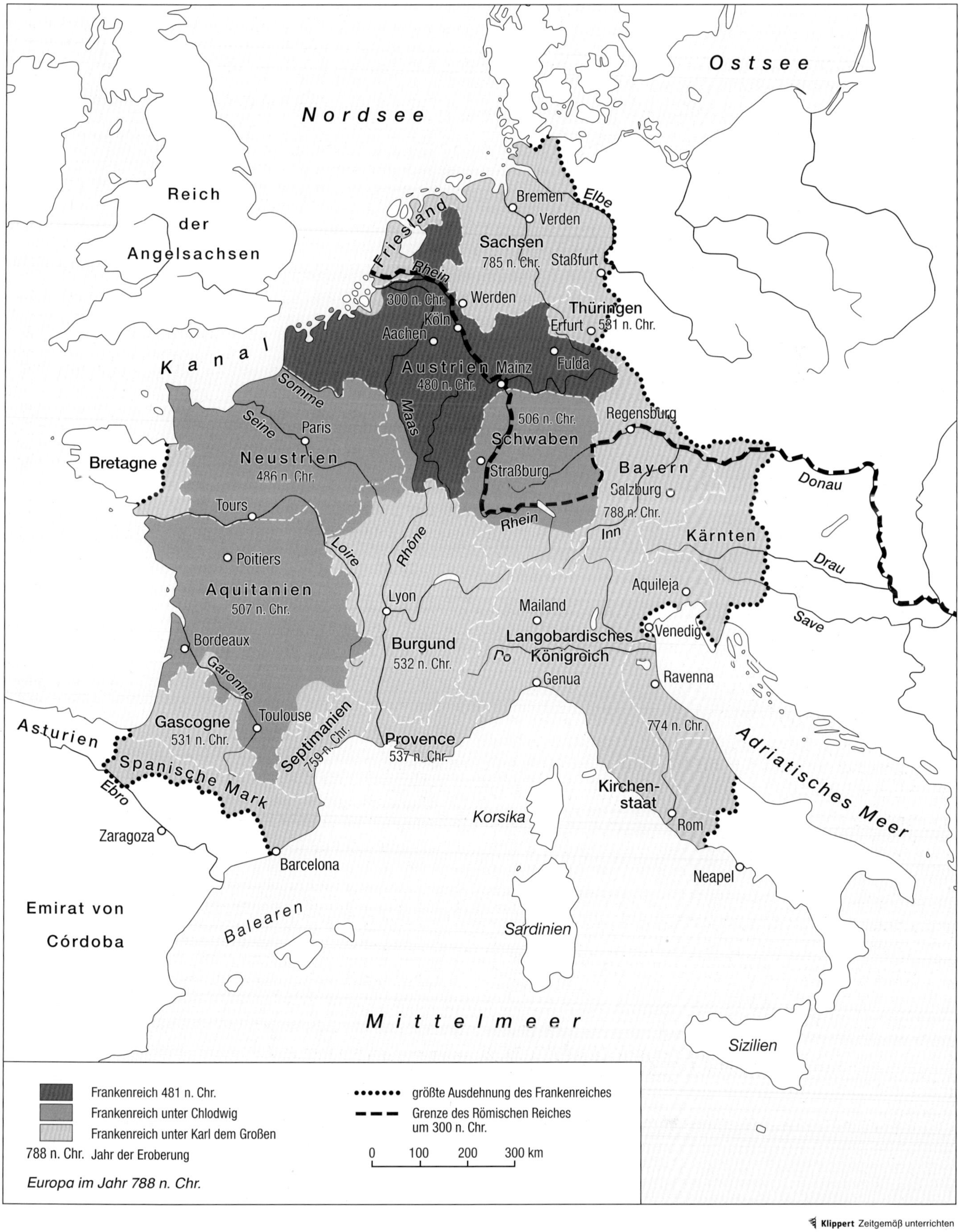

Tipps zum Auswerten einer Geschichtskarte

A Auf diesem Blatt sind fünf Dinge notiert, die eine Geschichtskarte enthält. Du kannst sie als Tipps verstehen, die dir beim Auswerten einer Geschichtskarte helfen. Bringe sie in eine sinnige Reihenfolge, indem du die Ziffern von 1 – 5 in die entsprechenden Kästchen schreibst.

◯ Der **Kartentitel** gibt Auskunft über das Zeitalter und das Thema.

◯ Die **Legende** gibt Auskunft über die Bedeutung von Zeichen, wie Pfeilen oder Punkten, die in der Karte eingezeichnet sind. Zudem kannst du in der Legende die Bedeutung verschiedener Farben oder Schraffierungen von Flächen nachlesen.

◯ Die **Maßstabsleiste** gibt Auskunft über Entfernungen in der Karte beziehungsweise, wie stark die Karte gegenüber der Wirklichkeit verkleinert ist.

◯ Die **Beschriftung** der Karte enthält wichtige Namen. Zum Beispiel die Namen von Ländern, Städten oder Volksgruppen. Sollten unbekannte Wörter dabei sein, schreibe sie heraus und schlage sie nach.

◯ Die **Flächenfarben** oder Schraffuren markieren größere zusammenhängende Gebiete. So werden oft auch Ausbreitungen von Reichen in der selben Farbe, aber beispielsweise einmal als Flächenfarbe und die Eroberungen dann als Schraffur, dargestellt.

LS 02 Ohne Erfindungen keine Entdeckungsfahrten – bedeutende Erfindungen kennenlernen

		Zeitrichtwert	Lernaktivitäten	Material	Kompetenzen
1	PL	5'	L gibt einen Überblick über den Ablauf der Stunde.		– Voreinstellungen und Vorkenntnisse nutzen und artikulieren – begründete Notizen verschriftlichen – ggf. Kritik üben oder annehmen – Infotexte erschließen und Abbildungen zuordnen – ggf. Fremdwörter nachschlagen
2	EA	5'	S sondieren Abbildungen.	M1	
3	EA	10'	S wählen eine Abbildung aus und notieren Assoziationen.		
4	PA	10'	S tauschen Assoziationen im Doppelkreis aus.		
5	GA	10'	S beseitigen Unklarheiten und einigen sich auf zentrale Aussagen der Abbildung.		
6	PA	20'	S ordnen die Abbildungen entsprechend den Infotexten zu und überlegen, warum die jeweiligen Erfindungen besonders hilfreich waren.	M2.A1	
7	GA	10'	S gleichen Ergebnisse ab.		
8	PL	10'	S präsentieren ihre Ergebnisse.		
9	EA	10'	S reflektieren Lernzuwachs.		

Erläuterungen zur Lernspirale

Ziel der Doppelstunde ist, dass die Schüler wesentliche Erfindungen der damaligen Zeit benennen können. Sie erkennen die Bedeutung der verschiedenen Erfindungen für die Entdeckungsfahrten berühmter europäischer Seeleute und Entdecker, die damals neue Wege in bis dato für Europa unbekannte Welten und Kontinente fanden.

Zum Ablauf im Einzelnen:
Im **1. Arbeitsschritt** gibt der Lehrer einen Überblick über den Ablauf der bevorstehenden Stunde und verweist auf die ausgelegten Bildkarten.

Im **2. Arbeitsschritt** stellen die Schüler sich in einem Kreis um die Abbildungen verschiedener Erfindungen und betrachten sie.

Im **3. Arbeitsschritt** wählen die Schüler eine der Abbildungen aus, gehen auf ihren Platz zurück und machen sich Notizen dazu.

Im **4. Arbeitsschritt** werden im Doppelkreis Zufallstandems formiert. Die Schüler stellen wechselseitig ihre abbildungsbezogenen Assoziationen vor.

Im **5. Arbeitsschritt** treffen sich die Schüler in Gruppen. In einer Gruppe sind die Schüler, die die gleiche Abbildung haben. In diesen Gruppen besprechen sie etwaige Unklarheiten. Sie einigen sich auf zentrale Aussagen zur Abbildung.

Im **6. Arbeitsschritt** bearbeiten die Schüler in Tandems, die sich aus der Stammgruppe ergeben, vertiefend die entsprechenden Infotexte (M2). Dabei besprechen sie, warum die jeweiligen Erfindungen besonders hilfreich waren.

Im **7. Arbeitsschritt** treffen sich die Schüler wieder in ihrer Stammgruppe, um die Ergebnisse abzugleichen.

Im **8. Arbeitsschritt** präsentiert eine ausgeloste Gruppe ihre Ergebnisse vor der Klasse. Ein Gespräch ist möglich.

Im **9. Arbeitsschritt** reflektieren die Schüler ihren Lernzuwachs.

✓ Merkposten

Entsprechende Anzahl der Bildkartei kopieren, sodass sich daraus Gruppen bilden lassen.

Tipp

Die Experten- bzw. Mischgruppen können mithilfe von Spielkarten gebildet werden. Als Kriterien für die Gruppenfindung dienen z. B. erst gleiche Spielkarten (Bube, Dame, König, Ass) und dann Symbole (Herz, Karo, Pik, Kreuz). Es bieten sich an dieser Stelle aber auch die Abbildungen zur Gruppenbildung an.

Notizen:

02 Ohne Erfindungen keine Entdeckungsfahrten – bedeutende Erfindungen kennenlernen

N
ne
E
se
S
sw
W
nw

Ohne Erfindungen keine Entdeckungsfahrten – Seefahrer finden neue Wege

A Ordne die Abbildungen den entsprechenden Infotexten zu.

(1) Das älteste heute noch erhaltene verkleinerte Modell der Erde gestaltete 1490 der Nürnberger Martin Behaim mithilfe von Marco Polos Reisebeschreibungen. Der **Globus** stellte eine komprimierte Seekarte der Welt dar und gab einen groben Überblick.

(2) Die **Karavelle** ist ein sehr schnelles und wendiges Schiff mit drei Masten und konnte besonders gut den Wind kreuzen. Daher galt es als besonders hochseetüchtig. Es war zudem groß genug, um ausreichend Verpflegung für eine lange Seereise aufzunehmen.

(3) Um sich auf See zu orientieren, nutzten die Seefahrer schon immer die Sterne. Zunächst peilte man die Sterne mit ausgestrecktem Arm an. Dadurch fand man heraus, auf welchem Breitengrad sich das Schiff befand. Der Äquator teilt die Erdkugel in der Mitte in eine obere und eine untere Hälfte und so rechnet man vom Äquator aus 90 Breitengrade nach Nord und nach Süd. Ein erfundenes Instrument zur Bestimmung der geografischen Breite war der **Jakobsstab**. Das ist ein langer Stab mit einem Querstab. Der lange Stab wurde unter das Auge gehalten. Dann verschob man den Querstab, bis die Enden den Horizont und den Stern überdeckten. An einer Skala am Längsstab konnte man nun den Winkel ablesen. Auf einem schwankenden Schiff war das Ablesen jedoch oft schwierig.

(4) Erleichtert wurde die Navigation für die Seefahrer als der **Quadrant** erfunden wurde. Er bestand aus einem Viertelkreis mit Gradeinteilungen, einem Visier und einem Senklot. Mit dem Quadranten konnte man den Winkel zwischen Erdoberfläche und der Sonne oder den Sternen ermitteln. War der Winkel bestimmt, las man in Tabellen nach, wie weit nördlich oder südlich des Äquators das Schiff sich befand.

(5) Wie auch heute, zeigte die magnetisierte Eisennadel schon damals immer nach Norden. Dadurch konnte man alle Himmelsrichtungen bestimmen. Mit dem **Kompass** hielten die Seefahrer auch in der Dunkelheit problemlos die Fahrtrichtung.

(6) Seit dem 14. Jahrhundert kam in Europa **Schießpulver** zum Einsatz und dadurch wurde die Eroberung und Besetzung eines neu entdeckten Territoriums vereinfacht. Zudem konnte man sich auf hoher See gut dem Feind entgegenstellen.

LS 03 Marco Polo – der jüngste Entdecker

		Zeitrichtwert	Lernaktivitäten	Material	Kompetenzen
1	PL	5'	L gibt einen Überblick über den Ablauf der Stunde.		– einen informativen Sachtext lesen und markieren – Fachbegriffe klären und festigen – themenzentriert Schlüsselwörter eingrenzen und gewichten – Schlüsselwörter präzise umschreiben – ein Kreuzworträtsel entwickeln – thematisch und kriterienbezogen Kritik üben und annehmen – ein Kreuzworträtsel lösen
2	EA	10'	S lesen und markieren einen Sachtext zu Marco Polo.	M1.A1	
3	PA	10'	S treffen sich im Doppelkreis, beseitigen Unklarheiten und tauschen sich über inhaltliche Schwerpunkte des Textes aus.		
4	PA	10'	S entwerfen unter Anleitung ein Rätselschema zum Thema.	M2	
5	GA	10'	S entwerfen ein eigenes Rätsel, nachdem sie sich auf Fragen und entsprechende Schlüsselwörter geeinigt haben.		
6	GA	10'	S überprüfen und refelektieren ihr Schema im Austausch mit ihrem L und/oder einer anderen Gruppe.		
7	PA	20'	S stellen das Rätsel im Tandem fertig. Sie zeichnen und beschriften das endgültige Raster und fixieren die Umschreibungen.		
8	PL	10'	S tauschen Kreuzworträtsel aus und bearbeiten sie probeweise.		
9	PL	5'	S geben sich gegenseitig Rückmeldung.		

✓ **Merkposten**

Die Schüler sollten einen Methodenordner anlegen, falls sie es zuvor noch nicht getan haben. (s. LS 03)

Tipp

Es gibt mittlerweile unzählige kostenlose Kreuzworträtselgeneratoren im Internet. Alternativ könnte man die Schüler darin einweisen oder ihre Kompetenz im Bereich Informatik erweitern und sie in Microsoft Excel® oder Microsoft Word® ein Rätselschema erstellen lassen.

Erläuterungen zur Lernspirale

Ziel der Doppelstunde ist, dass die Schüler Grundzüge des Reise- und Lebensberichts des europäischen Kaufmanns Marco Polo kennenlernen und die entsprechende Bedeutung für die nachkommenden Erfindungen und Entdeckungsreisen erklären können. Somit erwerben sie Sachkompetenz zum Themenbereich „Europa und Asien des Mittelalters" und gewinnen neue Einsichten zu den Entdeckungsfahrten des 13.Jahrhunderts.

Zum Ablauf im Einzelnen:
Im **1. Arbeitsschritt** gibt der Lehrer einen Überblick über den Ablauf der bevorstehenden Stunde.

Im **2. Arbeitsschritt** lesen die Schüler einen informativen Sachtext zu Marco Polo. Darin erfahren sie sowohl biografische Fakten als auch Informationen über seine Reise von Venedig nach China und die dadurch zunehmende Vernetzung Eurasiens mit der Pest als Folge (M1.A1). Sie markieren relevante und unklare Stellen.

Im **3. Arbeitsschritt** tauschen sich die Schüler im Doppelkreis aus und beseitigen Unklarheiten. Dieser rotiert mehrmals, sodass die Schüler intensiv über den Text ins Gespräch kommen und mehr Sicherheit bekommen.

Im **4. Arbeitsschritt** erhalten die Schüler in Tandems eine Anleitung zur Erstellung eines Kreuzworträtsels (M2). Auf dieser Grundlage aufbauend entwerfen sie ein Rätselschema mit möglichen Schlüsselwörtern. Zudem besteht hier wiederholt die Gelegenheit, letzte Unklarheiten zu beseitigen, um sich auf das Wesentliche zu konzentrieren und entsprechendes herauszuarbeiten.

Im **5. Arbeitsschritt** arbeiten die Schüler in Gruppen zu je zwei Tandems. Sie einigen sich auf Fragen und tragen wichtige Begriffe horizontal und vertikal mit Bleistift in ihr Rätselschema ein.

Im **6. Arbeitsschritt** überprüfen und reflektieren die Schüler ihr Ergebnis, indem sie dieses mit der Lehrkraft und/oder einer anderen Gruppe besprechen und vergleichen.

Im **7. Arbeitsschritt** stellen die Schüler das Rätsel im Tandem aus Arbeitsschritt 4 fertig. Sie zeichnen das endgültige Raster, tragen Kontrollbuchstaben in die Zeilen ein und umschreiben die zu suchenden Wörter möglichst präzise.

Im **8. Arbeitsschritt** tauschen die Gruppen ihre Kreuzworträtsel aus und bearbeiten sie probeweise.

Im **9. Arbeitsschritt** geben die Schüler sich im Plenum wechselseitig Rückmeldung. Zudem findet an dieser Stelle abschließend in einem lehrergelenkten Unterrichtsgespräch eine inhaltliche Klärung statt. Als Hausaufgabe ist es denkbar, dass die Schüler die Kreuzworträtsel überarbeiten oder die Kreuzworträtsel aus Arbeitsschritt 8 fertig lösen .

03 Marco Polo – der jüngste Entdecker

A1 Lies den Text und markiere nach den dir bekannten Regeln und Tipps.

Marco Polo – (1254–1324)

Marco Polo wurde vermutlich im Jahre 1254 im italienischen Venedig als Sohn des Kaufmanns Niccolo Polo geboren. Auch er wurde Kaufmann und Händler und so begleitete er mit 17 Jahren seinen Vater und seinen Onkel Maffeo (Juwelenhändler) auf eine außergewöhnlich lange Reise. Über die Seidenstraße führte sie ihre Reise auf dem Landweg Richtung Osten nach China. Der Name kommt wahrscheinlich daher, dass Seide eines der außergewöhnlichsten Güter für westliche Europäer war und daher das Haupthandelsgut aus dem Osten.
Europäische Kaufleute entdeckten zur damaligen Zeit, dass es im fernen Osten neben Seide auch andere wertvolle Dinge wie Gewürze oder Goldschmuck zu ergattern gab. Auf diese Dinge waren die Reichen Europas ganz gierig und darin sahen auch die Polos ihre Chance.

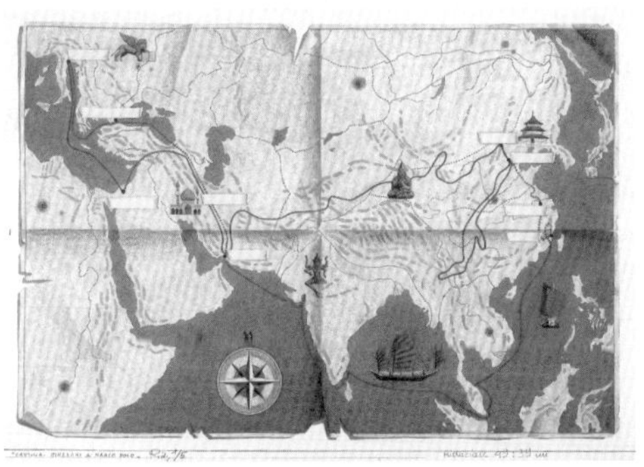

Reiseroute

In China gelangte Marco sogar bis zum Hof des Mongolenherrschers Kublai Khan, einem Enkel des berühmten Dschingis Khan, der über China bis nach Russland und das Gebiet des heutigen Irak herrschte. Die Beiden freundeten sich an und Marco wurde zum Verwaltungsbeamten des Kaisers, wodurch er auf Dienstreisen das Reich und einige Nachbarländer kennenlerte. Man sagt, dass er zeitweise sogar Statthalter einer Provinz gewesen sein soll. Marco Polo war dank seiner Diplomatenstelle im Dienste des Khan einer der ersten Europäer, der die Wunder und Sehenswürdigkeiten im Reich der Mitte mit eigenen Augen zu sehen bekam. 1291 traten Marco, sein Vater Niccolo und sein Onkel Matteo die Seereise zurück nach Venedig an, das sie 1295 erreichten.

Zurück in Venedig schloss er sich einem Seekrieg gegen Genua an und kam dort 1298 für zwei Jahre in Haft. Diese Haft und all seine Niederschriften während der Reise führten dazu, dass der Bericht von Marco Polo einer der populärsten Schriften war, die im ausgehenden Mittelalter in Europa kursierten. In Haft diktierte er seinem Zellennachbarn Rustichello da Pisa, einem Verfasser von Ritterromanen, seine Reiseerlebnisse. Bereits 1500 zählte sein Werk „Das Buch von den Wundern der Welt" zu einem der ersten gedruckten Bücher und noch heute sind rund 150 Handschriften des Werkes erhalten.

Marco Polo beeinflusste das geografische Weltbild in Europa insofern, dass der Nürnberger Martin Behaim dank der Reiseberichte Polos den ersten Erdglobus gestaltete. Auch auf Kolumbus machte er damit Eindruck, sodass dieser zu seiner Reise nach Indien motiviert wurde, jedoch auf dem Seeweg. Wo er wirklich landete, wissen wir heute nur zu gut.
Im Alter von 70 Jahren verstarb er als Ehemann und Vater dreier Töchter in Venedig.

Ob Marco Polo tatsächlich in China war oder nicht, musste er nicht nur 1295 bei seiner Ankunft zurück in Venedig verteidigen. Bis heute zweifeln Wissenschaftler an der Wahrhaftigkeit seiner Berichte. Dennoch haben wir es ihm sicherlich mit zu verdanken, dass die eurasische Vernetzung durch regen Austausch auf Land und See zunehmend gefestigt wurde.

Marco Polo in China

Tipps zum Erstellen eines Kreuzworträtsels

A Informiere dich gründlich zu dem Thema, zu dem du ein Kreuzworträtsel entwickeln möchtest.

1. Zeichne mit Bleistift ein tabellarisches Raster auf dein Blatt. Wieviele Kästchen du horinzontal benötigst, hängt von deinem Lösungswort ab, denn dieses wird später in der Mitte des Rasters stehen.

1	2	3	4	5	6	7	8	9

2. Überlege dir ein Lösungswort und notiere es vertikal wie abgebildet in deinem Raster.

1	2	3	4	5	6	7	8	9
M	A	R	C	O	P	O	L	O

3. Überlege dir Schlüsselbegriffe, die du in deinem Rätsel verwenden möchtest. Überprüfe, ob und welche deiner Schlüsselbegriffe du anordnen und verwenden kannst. Sicher musst du dich leicht umentscheiden, sodass die Buchstaben mit dem Lösungswort ein Rätsel ergeben.

1	2	3	4	5	6	7	8	9
K				M				
A				O				
U				N				
F				G				
M	A	R	C	O	P	O	L	O
A			H	L				
N			I	E				
N			N	N				
			A					

4. Überlege dir nun Fragestellungen oder einen Hinweis für deine gesuchten Schlüsselwörter. Umschreibe sie möglichst präzise und notiere sie aufgelistet zu den entsprechenden Zahlen des Rätselschemas.

1. …
2. …
3.
4. In dieses Land in Asien reiste Marco Polo mit seinem Vater und betrat 1274 erstmals den Boden dieses Landes.
5. …
6. …
7. …
8. …
9. …

5. Zum Schluss radierst du die nicht benötigten Rasterkästchen, Zahlen und die Buchstaben aus.

LS 04 Kolumbus, Gama und Magellan – westwärts nach Osten?

		Zeitrichtwert	Lernaktivitäten	Material	Kompetenzen
1	PL	5'	L gibt einen Überblick über den Ablauf der Stunde.		– einen historischen Sachtext inhaltlich erschließen – eine geografische Karte auswerten – ein Plakat gestalten – vor einer Gruppe präsentieren – einen Methodenordner pflegen
2	EA	10'	S lesen und markieren einen Sachtext.	M1.A1 – M3.A1, M4	
3	PA	10'	S tauschen sich im Doppelkreis über den Inhalt des Textes aus und beseitigen Unklarheiten.		
4	PA	10'	S erarbeiten Regeln und Tipps zum Auswerten einer geografischen Karte.	M5.A	
5	PA	10'	S zeichnen Seewege in eine Karte ein.	M4.A2	
6	GA	30'	S erarbeiten eine zugeloste Entdeckungsfahrt und gestalten ein Plakat.		
7	PL	15'	S präsentieren ihre Ergebnisse im Plenum. Ein lehrergelenktes Unterrichtsgespräch schließt sich an.		
8	HA		S übernehmen Regeln und Tipps in ihren Methodenordner.		

Erläuterungen zur Lernspirale

Ziel der Doppelstunde ist, dass die Schüler die drei großen Seefahrer und Entdecker Kolumbus, Gama und Magellan kennenlernen und miteinander in Verbindung bringen können. Sie erweitern ihre methodische Kompetenz im Bereich Auswerten einer geografischen Karte und Plakatgestaltung.

Zum Ablauf im Einzelnen:
Im **1. Arbeitsschritt** gibt der Lehrer einen Überblick über den Ablauf der bevorstehenden Stunde.

Im **2. Arbeitsschritt** lesen und markieren die Schüler einen der drei informativen Sachtexte (M1 – M3) über die verschiedenen Entdeckungsfahrten der drei genannten Seefahrer. Zusätzlich erhalten sie eine geografische Karte (M4). Sie versuchen, den Inhalt des Textes und Aufbau der Karte möglichst schlüssig zu erfassen und zu verknüpfen.

Im **3. Arbeitsschritt** tauschen sich die Schüler in einem Doppelkreis über den Inhalt der Texte aus und beseitigen Unklarheiten.

Im **4. Arbeitsschritt** erarbeiten die Schüler in Tandems Regeln und Tipps zum Auswerten einer geografischen Karte. Hierzu bringen sie durcheinandergeratene Schritte in eine sinnige Reihenfolge (M5.A1).

Im **5. Arbeitsschritt** wenden sie dieses Wissen weiterführend an, indem sie die Seewege der verschiedenen Seefahrer in die Karte einzeichnen (M4.A2).

Im **6. Arbeitsschritt** beschäftigen sich die Schüler in einer Gruppe intensiv mit einer der Entdeckungsfahrten und gestalten dazu ein Plakat für eine spätere Präsentation.

Im **7. Arbeitsschritt** präsentieren die Gruppensprecher per Losverfahren ihre Ergebnisse im Plenum. Ein lehrergelenktes Unterrichtsgespräch rundet die Stunde ab.

Im **8. Arbeitsschritt** übernehmen die Schüler die Regeln und Tipps in ihren Methodenordner.

✓ Merkposten

Die Schüler sollten einen Methodenordner anlegen, falls sie es zuvor noch nicht getan haben. (s. LS 03)

Tipp

Für Arbeitsschritt 2 kann man die einzelnen Texte auch schon aufteilen, anstatt alle Schüler alle drei Texte lesen zu lassen.

Für Arbeitsschritt 6 weitere Quellen anbieten und den Schülern einen Internetzugang ermöglich.

Zudem ausreichend verschiedene Materialien zur Plakatgestaltung bereitstellen.

Notizen:

04 Kolumbus, Gama und Magellan – westwärts nach Osten?

Christoph Kolumbus *(1451 – 1506)*

A1 Lies den Text und markiere nach den dir bekannten Regeln und Tipps.

Entdecker sind, getrieben von der angeborenen Neugier des Menschen, immer auf der Suche nach etwas Neuem. Sie versuchen zudem, herauszufinden, warum etwas ist, wie es ist oder ob es gar noch etwas anderes gibt. Ihre Motive sind oft sehr unterschiedlich. Manche wollten damals durch ihre Seefahrten neue Länder entdecken und taten dies aus eigener Überzeugung, andere erhofften sich viel Ruhm, Ehre und Reichtum durch besondere Entdeckungen.

Christoph Kolumbus – Ein Seefahrer mit Vision

Die meisten Seefahrer umrundeten bisher Afrika und segelten durch den Indischen Ozean in Richtung Osten, um nach Indien zu gelangen. Zur Zeit Kolumbus veränderte sich aber zunehmend das Weltbild und stärkte damit auch seine Ansicht, dass die Welt eine Kugel ist. Der Seefahrer war daher davon überzeugt, dass man die Länder des Ostens auch erreichen konnte, indem man über den Atlantischen Ozean westwärts soweit um die Erdkugel herum segelte bis man irgendwann im Osten landet. So berechnete er den Seeweg nach Asien auf ca. 4.500 km, indem er unter anderem die Aufzeichnungen Marco Polos las (tatsächlich wären es übrigens ca. 20.000 km gewesen). Viele Jahre suchte er in Portugal Unterstützer für sein Projekt. Die meisten hielten ihn jedoch für wahnsinnig. Im August 1492 verließ der italienische Seefahrer an Bord der Santa Maria gemeinsam mit rund 90 Mann Besatzung den spanischen Hafen Palos, um einen leichteren Seeweg nach Indien zu entdecken. Dies geschah im Auftrag des spanischen Königspaares. Er sollte im Namen der spanischen Krone Länder entdecken und die jeweiligen Einwohner vom Christentum überzeugen. Berechnet war die Fahrzeit, um die Gold- und Gewürzschätze des Ostens zu erreichen, auf drei Wochen. Nach über zwei Monaten, im Oktober, landete Kolumbus mit der Santa Maria und den beiden weiteren Schiffen Niña und Pinta zufällig auf der kleinen Bahamainsel Guanahani. Der Seefahrer nannte die Insel San Salvador und segelte von hier aus weiter, um Haiti und Kuba zu entdecken. Noch weitere Male reiste er in diese Gegend, um endlich Gold für den spanischen König zu erbeuten und Spaniens Weltmacht zu sichern. Zunehmend entstanden erste spanische Kolonien auf den Karibikinseln. Man stahl den Tainos das Land, machte sie zu Sklaven oder tötete sie. Bis zu seinem Tod gab Kolumbus seinen Irrtum nicht zu. Auf seine Überzeugung, in Indien und nicht auf einem ganz neuen Erdteil gelandet zu sein, ist auch der Name „Indianer" für die Ureinwohner zurückzuführen. Amerika verdankt seinen Namen hingegen Amerigo Vespucci, welcher 1499–1501 die südamerikanische Küste erkundete und dem neuen Kontinent seinen Namen gab.

Vasco da Gama *(1469–1524)*

A1 Lies den Text und markiere nach den dir bekannten Regeln und Tipps.

Entdecker sind, getrieben von der angeborenen Neugier des Menschen, immer auf der Suche nach etwas Neuem. Sie versuchen zudem, herauszufinden, warum etwas ist, wie es ist oder ob es gar noch etwas anderes gibt. Ihre Motive sind oft sehr unterschiedlich. Manche wollten damals durch ihre Seefahrten neue Länder entdecken und taten dies aus eigener Überzeugung, andere erhofften sich viel Ruhm, Ehre und Reichtum durch besondere Entdeckungen.

Vasco da Gama – Auf ins Land der Gewürze

Das Mitglied eines Ritterordens segelte unter dem Auftrag des portugiesischen Königs Manuel I. nach Indien, um eine Gewürzroute zu erschließen.
Ziel war es, die kostbaren Schätze auf direktem Weg von Indien nach Europa transportieren zu können.
Im Juni 1497 verließ Gama mit seinem Flaggschiff São Gabriel und den zwei Begleitschiffen São Rafael und Bérrio mit insgesamt 150 bis 170 Mann Besatzung den Hafen Lissabons in Richtung Westen über den Atlantik. Er wollte die Windverhältnisse ausnutzen und segelte so im November des selben Jahres die Westküste Afrikas bis zum Kap der Guten Hoffnung entlang, um dann die lange Reise an der Ostküste Afrikas Richtung Mombasa und Malindi anzutreten. Von hier aus ging es im April 1498 weiter nach Indien. Zum ersten Mal hatte ein europäisches Schiff Indien auf dem Seeweg um Afrika herum erreicht, als Vasco da Gama im Mai 1498 bei Calicut landete. 1499 kam er vollbeladen mit Gewürzen wieder zurück nach Lissabon.

Fernando Magellan *(1480–1521)*

A1 Lies den Text und markiere nach den dir bekannten Regeln und Tipps.

Entdecker sind, getrieben von der angeborenen Neugier des Menschen, immer auf der Suche nach etwas Neuem. Sie versuchen zudem, herauszufinden, warum etwas ist, wie es ist oder ob es gar noch etwas anderes gibt. Ihre Motive sind oft sehr unterschiedlich. Manche wollten damals durch ihre Seefahrten neue Länder entdecken und taten dies aus eigener Überzeugung, andere erhofften sich viel Ruhm, Ehre und Reichtum durch besondere Entdeckungen.

Fernando Magellan – Die erste Weltumsegelung bringt den Beweis

1517 bot der berühmte Seefahrer aus Portugal, ebenfalls dem spanischen Königshaus an, eine Westroute zu den Schätzen des Orients zu finden.
Die spanische Krone stattete ihn mit der Vollmacht eines Generalkapitäns aus. Somit besaß er die vollkommene Befehlsgewalt über die Schiffsbesatzung sowie die Eingeborenen, die in den neu entdeckten Ländern lebten. 1519 stach Magellan von Spanien aus mit fünf Karavellen und insgesamt 265 Seeleuten in See. Das Leben und Arbeiten an Bord einer Karavelle war nicht einfach, weder für die Besatzung noch für den Kapitän selbst. Sollte man als Kapitän hart durchgreifen oder doch besser auf Gutfreund mit seiner Besatzung machen? Die Gefahren auf See waren hoch, sowohl Krankheiten als auch Meuterei nicht unüblich. Je länger sich eine Fahrt hinzog, umso dünner wurde das Nervenkostüm aller Männer. Manche begannen, um ihr Leben zu fürchten. So musste einerseits der Tagesablauf streng geregelt und überwacht sein, andererseits für hoffnungsvolle Stimmung gesorgt werden. Magellans Flotte überquerte zuerst den Atlantik, segelte dann entlang der südamerikanischen Küste bis Feuerland und weiter durch den Pazifischen Ozean bis zu den Philippinen, welche sie 1521 erreichte. Er umsegelte damit als erster Mensch das Kap Hoorn. Leider starb er auf den Philippinen vor Vollendung seiner Weltreise durch einen Streit unter den Eingeborenen, welchen er lösen wollte. Die Expedition wurde von Juan Elcano übernommen, er brachte das letzte von fünf Schiffen mit insgesamt 18 Überlebenden zurück nach Spanien.
Endgültig war dank Magellans Flotte bewiesen, dass die Erde eine Kugel ist.

Reiseroute der Entdecker

A1 Betrachte die Karte, erfasse deren Aufbau und bringe sie mit den Infotexten in Verbindung.

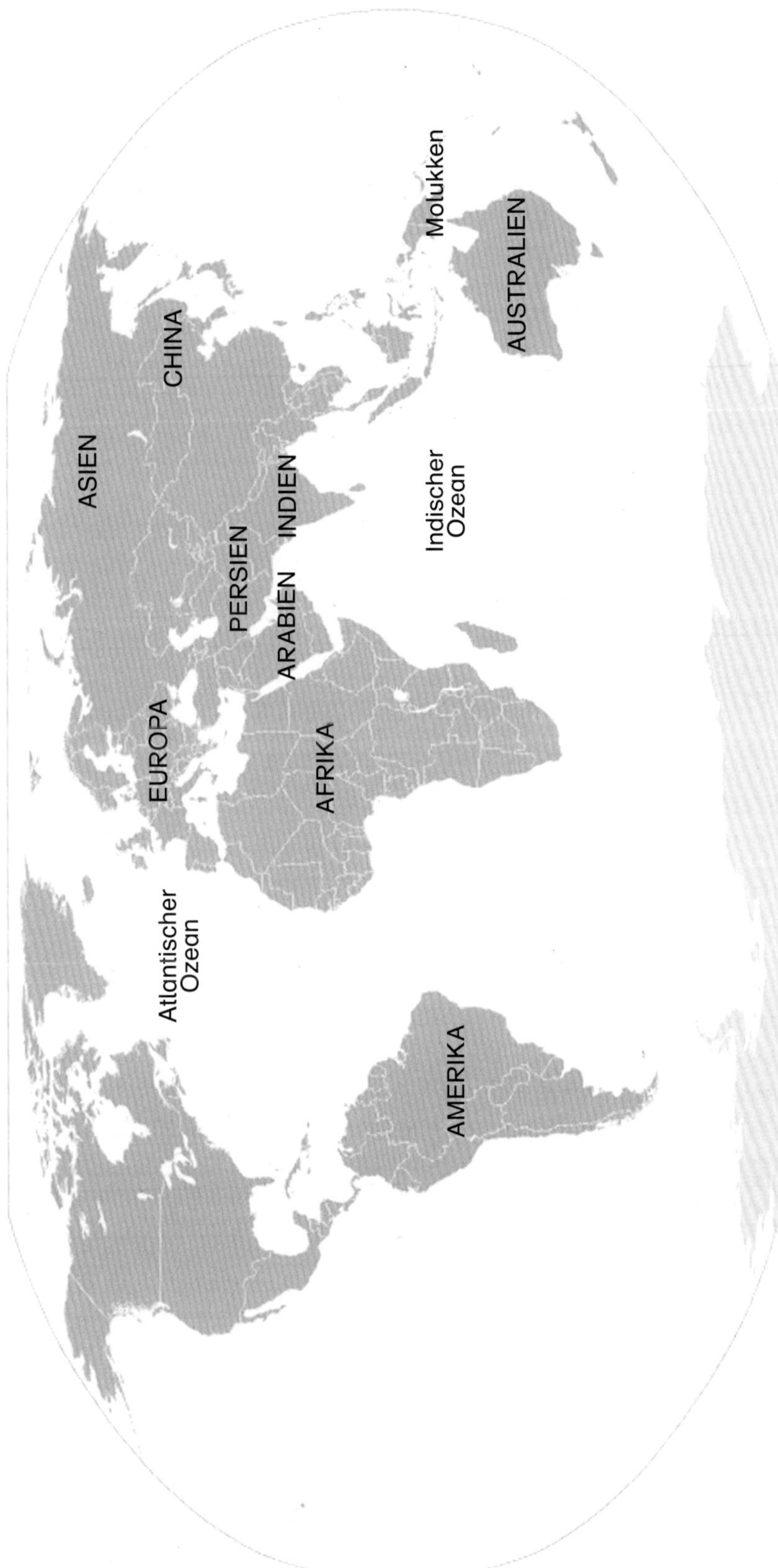

„Auf Entdeckungsfahrt – europäische Seefahrer finden neue Weege“

A2 Du hast nun vieles über drei berühmte Seefahrer erfahren. Wähle für jeden eine eigene Farbe aus und zeichne damit den jeweiligen Seeweg in die oben abgebildete Karte ein.

Tipps zum Analysieren einer geografischen Karte

A Beim Analysieren einer geografischen Karte solltest du stets eine gewisse Reihenfolge einhalten. Ordne die aufgezählten Schritte sinnvoll, indem du die Ziffern von 1 – 3 in die entsprechenden Kästchen schreibst.

Auf Karten ist Norden immer oben. Gelegentlich wird dies durch einen Kompass angezeigt. Eine Karte zeigt einen Ort oder eine Landschaft verkleinert und vereinfacht senkrecht von oben aus der Vogelperspektive. All dies entsprechend den wissenschaftlichen Standards zu dem Zeitpunkt, zu dem sie entsteht.

◯ Die Karte interpretieren: Sollte eine bestimmte Frage vorliegen, kann man diese mithilfe der Karte beantworten. Falls nicht, wird an dieser Stelle herausgefunden, was die Karte an Informationen hergibt. Welche weiteren Details kannst du in der Karte erkennen? Gibt es beispielsweise besonders auffällige oder hervorgehobene Stellen in der Karte? Sind bestimmte Bereiche schraffiert oder sind Wege in die Karte eingezeichnet? In welcher Verbindung stehen all diese Informationen zueinander und welche Rückschlüsse kannst du daraus ziehen?

◯ Einen Überblick über die formalen Merkmale verschaffen: Zuerst muss das in der Karte behandelte Thema bzw. der Titel festgestellt werden. Meist kann man dies anhand der Kartenunterschrift ablesen. Zudem gilt es herauszufinden, welche Symbole verwendet wurden und was diese bedeuten. Liegt eine Legende vor?

◯ Den Karteninhalt in den geografischen Raum einordnen: Zeigt die Karte einen Ausschnitt? Wie ist die Lage im Land oder Kontinent? Oder zeigt die Karte gar die ganze Welt? Zudem gilt es, den Maßstab der Karte zu verstehen.

LS 05 Auf der Jagd nach Gold – europäische Konquistadoren plündern die Schätze der Maya und Inka

		Zeitrichtwert	Lernaktivitäten	Material	Kompetenzen
1	PL	5'	L gibt einen Überblick über den Ablauf der Stunde.		– eine historische Bildquelle auswerten – Informationen kurz und bündig im Gespräch vermitteln – Regeln zum Auswerten von Bildquellen kennen – eine Bildbeschreibung verfassen – im Internet oder anderen Quellen recherchieren
2	EA	10'	S betrachten historische Bildquellen und notieren erste Assoziationen sowie Fragen.	M1.A1	
3	PA	10'	S reflektieren methodisches Vorgehen im Doppelkreis.		
4	PA	15'	S erhalten Regeln und Tipps zum Auswerten einer historischen Bildquelle und zum Verfassen einer Bildbeschreibung.	M2.A1	
5	GA	35'	S verfassen eine Bildbeschreibung unter Berücksichtigung der erarbeiteten Regeln und Tipps.	M2.A2	
6	PL	15'	Ausgeloste Gruppen präsentieren die Bildbeschreibungen und geben sich gegenseitig Rückmeldung.		
7	HA		S überarbeiten und schreiben eine eigene Bildbeschreibung.		

Erläuterungen zur Lernspirale

Ziel der Doppelstunde ist, dass die Schüler, ausgehend von historischen Bildquellen, die Expansion Europas und ihre Folgen analysieren. Die Auseinandersetzung mit Kunstwerken aus anderen Epochen bietet Einblicke in die Kulturgeschichte und leistet somit einen wichtigen Beitrag zur kulturellen Kompetenz. Außerdem gewinnen die Schüler Offenheit gegenüber anderen Lebensmodellen, Wertesystemen und Kulturen. Alternativ kann auch mit einem Film oder historischen Textquellen zum Thema gearbeitet werden.

Zum Ablauf im Einzelnen:
Im **1. Arbeitsschritt** gibt der Lehrer einen Überblick über den Ablauf der bevorstehenden Stunde.

Im **2. Arbeitsschritt** betrachten die Schüler historische Bildquellen und notieren unsortiert erste Assoziationen (M1.A1).

Im **3. Arbeitsschritt** tauschen sich die Schüler im Doppelkreis über Schwierigkeiten beim Auswerten der Bildquelle aus.

Im **4. Arbeitsschritt** erhalten die Schüler in Tandems Regeln und Tipps zum Auswerten einer Bildquelle. Sie bringen diese in eine sinnige Reihenfolge und verwenden sie bei der späteren Erstellung der Bildbeschreibung (M2.A2).

Im **5. Arbeitsschritt** verfassen die Schüler mithilfe der erarbeiteten Tipps und Regeln in einer Gruppe, die sich aus den Tandems ergeben kann oder durch Abzählen entsteht, eine Auswertung und Bildbeschreibung (M2.A2). Dabei nutzen sie Nachschlagewerke und sonstige Quellen zum tieferen Verständnis.

Im **6. Arbeitsschritt** präsentieren einzelne Gruppen ihre Arbeitsergebnisse. So wird die Arbeit angemessen gewürdigt. Die Zuhörer geben auf Grundlage der Regeln und Tipps Rückmeldung und äußern gegebenenfalls Optimierungsvorschläge.

Im **7. Arbeitsschritt** übernehmen die Schüler als Hausaufgabe die Regeln und Tipps in ihren Methodenordner. Zudem schreibt jeder für sich seine eigene Bildbeschreibung.

✓ Merkposten

Für eine stärkere Differenzierung kann die Lehrkraft weitere Abbildungen auswählen (z. B. auf www.akg-images.de, Suchwort: Cortes), farbig ausdrucken und den Schülern zur Auswahl stellen.

Tipp

Spätestens an dieser Stelle empfiehlt es sich, ein Portfolio oder einen Methodenordner anzulegen, in welchem sowohl ausgefüllte Bögen, wichtige methodische Tipps oder auch Vorsätze und Ideen für das zukünftige methodische Vorgehen gesammelt werden. Es ist absichtlich nicht notiert, ob und wie die Regeln in den Methodenordner übernommen werden sollen.

Notizen:

05 Auf der Jagd nach Gold – europäische Konquistadoren plündern die Schätze der Maya und Inka

A1 Bilder sind Zeugen unserer Geschichte. Notiere auf einem Zettel erste Assoziationen sowie Fragen, die dir beim Betrachten in den Kopf kommen.

Ankunft Cortés in Mexiko, 18. Jahrhundert

Aufeinandertreffen des Tlaxcala Stammes mit Cortés Truppen in Mexiko, 17. Jahrhundert

Schlacht von Otumba, 16. Jahrhundert

Cortés Ankunft im Hafen Veracruz, 20. Jahrhundert

Tipps zum Auswerten einer historischen Bildquelle

A1 Auf diesem Blatt sind Regeln und Tipps aufgezählt, die dir beim Auswerten einer historischen Bildquelle und dem anschließenden Verfassen einer Bildbeschreibung helfen. Gewichte die einzelnen Schritte nach ihrer Bedeutung, indem du die Ziffern von 1–7 in die entsprechenden Kästchen schreibst.

◯ Welche Besonderheiten kannst du erkennen? Welche Gegenstände, Handlungen oder Personen stehen im Mittelpunkt des Bildes?

◯ Beachte bei der Beschreibung eine Reihenfolge: Sprich nacheinander über die verschiedenen Inhalte, die im Bild dargstellt sind oder beschreibe zum Beispiel zuerst den Vordergrund, den Mittelgrund und dann den Hintergrund von links nach rechts.

◯ Betrachte das Bild einige Minuten in Ruhe. Achte dabei auf den Vordergrund und wandere Stück für Stück über den Mittelgrund zum Hintergrund. Was ist abgebildet?

◯ Ist das Bild gemalt oder eine Fotografie? Handelt es sich um eine zeitgenössische Darstellung oder um ein später entstandenes Bild?

◯ Ist das Bild gemalt oder eine Fotografie? Handelt es sich um eine zeitgenössische Darstellung oder um ein später entstandenes Bild?

◯ Hat das Bild eine Unterschrift? Finde heraus, wann das dargestellte Geschehen stattgefunden hat.

◯ Beschreibe die Stimmung des Bildes? Falls das Bild später entstanden ist, solltest du dich über die Absicht des Künstlers informieren. Welche Meinung hat er zu dem dargestellten Ereignis?

◯ Welche Details kannst du erkennen? Beschreibe das Bild systematisch und stelle Zusammenhänge zwischen den Einzelheiten, die du im Bild entdeckst, her! Welche Handlungen sind dargestellt? Welche Personen sind zu erkennen?

A2 Werte nun eine Bildquelle aus und schreibe eine Bildbeschreibung nach den aufgeführten Regeln und Tipps.
Die Bildbeschreibung könnte so beginnen:
Das Bild „(Titel des Bildes)“ zeigt in der Bildmitte im Vorgergrund den spanischen Eroberer Hernán Cortes. Die Frau links im Bild ist vermutilich … Der leicht verdeckte Herr rechts hinter Cortes … Am linken Bildrand unten …

LS 06 Europäisierung der Welt – Christoph Kolumbus und die Folgen für die „Wilden“

		Zeitrichtwert	Lernaktivitäten	Material	Kompetenzen
1	PL	5’	L gibt einen Überblick über den Ablauf der Stunde.		– einen Sachtext markieren – Schlüsselwörter im Text identifizieren – Erkenntnisse reflektieren – eine Recherche im Internet durchführen – einen Text am PC schreiben – den Korrekturmodus in einem Textverarbeitungsprogramm verwenden – Texte Korrektur lesen und Verbesserungsvorschläge machen
2	EA	15’	S lesen und markieren einen Basistext zur Eignung des Internets für die Klärung fachspezifischer Fragen und Problemstellungen.	M1.A1	
3	PA	15’	In Tandems reflektieren S Chancen und Gefahren der Internetrecherche	M1.A2	
4	PL	5’	S reflektieren kurz die Erfahrungen im Doppelkreis.		
5	PA	10’	S lesen den Rechercheauftrag, klären Suchbegriffe und verständigen sich zum weiteren Vorgehen.	M2.A1	
6	PL	10’	S klären im Plenum offene Fragen.		
7	EA	20’	S versuchen, über bestimmte Suchmaschinen an relevante Informationen zu gelangen.		
8	PA	40’	S treffen sich im Tandem und fassen ihre Suchergebnisse in einem Statement zusammen. Sie schreiben einen Text am PC und/oder entwerfen eine passende Grafik.	M2.A2	
9	PL	10’	S präsentieren ihre Zwischenergebnisse im Plenum.		
10	PL	5’	S reflektieren Ihre Ergebnisse.		

Erläuterungen zur Lernspirale

Ziel der Einheit ist, dass die Schüler in der Lage sind, nicht nur die vorteilhaften und profitablen Folgen der Entdeckungsreisen für Europa zu sehen, sondern auch die negativen Folgen für die Inselbewohner und die eroberten Länder zu entdecken. Hierzu aktivieren sie nochmals sämtliches neues Hintergrundwissen der vergangenen Lernspiralen. Auf methodischer Ebene erweitern sie ihre Kompetenz im Bereich Informatik.

Zum Ablauf im Einzelnen:
Im **1. Arbeitsschritt** gibt der Lehrer einen Überblick über den Ablauf der bevorstehenden Stunde.

Im **2. Arbeitsschritt** lesen die Schüler einen Basistext zur Eignung des Internets für die Klärung fachspezifischer Fragen und Problemstellungen (M1.A1). Sie markieren unklare Stellen und Schlüsselbegriffe.

Im **3. Arbeitsschritt** reflektieren die Schüler in Tandems Chancen und Gefahren der Internetnutzung. Schließlich wählen sie sich zu Probezwecken in die Suchmaschine Blinde Kuh ein und verschriftlichen Zwischenergebnisse.

Im **4. Arbeitsschritt** treffen sich die Schüler kurz im Doppelkreis, um sich über die ersten Erfahrungen mit den Suchmaschinen auszutauschen. Alternativ sind auch Methoden wie Blitzlicht möglich, sodass man als Lehrkraft teilhaben kann.

Im **5. Arbeitsschritt** lesen die Schüler den eigentlichen Rechercheauftrag, klären Suchbegriffe und verständigen sich untereinander zum weiteren Vorgehen (M1.A2).

Im **6. Arbeitsschritt** klären die Schüler im Plenum Unklarheiten und letzte offene Fragen.

Im **7. Arbeitsschritt** versuchen die Schüler, in Einzelarbeit über bestimmte Suchmaschinen an relevante Informationen zu kommen.

Im **8. Arbeitsschritt** treffen sich die Schüler in Tandems und fassen ihre Suchergebnisse in einem Statement zusammen (Text und Grafik). Hierzu nutzen sie unter anderem das Textverarbeitungsprogramm am PC (M2.A2).

Im **9. Arbeitsschritt** präsentieren die Schüler ihre Ergebnisse im Plenum. Unter Anleitung des Lehrers werden die Ergebnisse und der Lernzuwachs reflektiert. Dies kann sowohl auf methodischer als auch inhaltlicher Ebene stattfinden. Je nach Fortgang, kann eine wiederholende oder weiterführende Hausaufgabe gestellt werden.

Im **10. Arbeitsschritt** reflektieren die Schüler ihre Ergebnisse.

✓ Merkposten

Es empfiehlt sich, ausreichend Plätze mit Zugang zum Internet sicherzustellen oder bestenfalls den PC-Raum der Schule zu reservieren.

Tipp

Nach Arbeitsschritt 7 kann man die Texte der Schüler gegenlesen lassen. Hierzu empfiehlt es sich, sich vorher mit dem in der Schule vorhandenen Textverarbeitungsprogramm und der Korrekturfunktion (Änderungen/Korrekturen nachverfolgen) vertraut zu machen und die Schüler entsprechend einzuweisen. Diese erlaubt es, Änderungsvorschläge direkt in ein Textdokument einzutragen und für den Verfasser als solche erkennbar zu machen.

06 Europäisierung der Welt – Christoph Kolumbus und die Folgen für die „Wilden“

A1 Lies den Text sorgfältig durch und markiere nach den bekannten Regeln und Tipps.

Internetrecherche – sinnvoll oder reine Zeitverschwendung?

Um für Referate oder Hausaufgaben zu recherchieren oder als kostenlose Nachhilfe, nutzt man zunehmend das Internet. Es ist unumgänglich, dieses Medium kompetent nutzen zu lernen und einen Weg zu finden, sicher und schnell an die gewünschten Informationen zu kommen.

Sicherlich möchten viele Eltern auf die Gefahren hinweisen und ihre Kinder dafür sensibilisieren. Ganz umsonst sind gewisse Regeln für den Dschungel des Internets gewiss nicht. Es lauern und locken Dinge wie Abzockseiten, Gefährliches oder Viren, die auch über das Surfen im Internet auf den Computer gelangen können. Letztere können den Computer oder Programme beschädigen oder gar kaputt machen.

Welche Suchmaschinen und Nachschlagewerke sind geeignet und zielführend?

Google ist aktuell wohl die weltweit bekannteste Suchmaschine. Allerdings ist Google für Erwachsene entwickelt und ausgelegt. Die Suchmaschine liefert oft unübersichtliche und lange Ergebnislisten, die man nicht überblicken kann. Für Schüler gibt es daher Suchmaschinen, die sich auf deren Suchmodus spezialisiert haben und relevante Trefferlisten liefern (s. Linktipps).
Wikipedia ist ein sehr berühmtes Online-Nachschlagewerk, bei dem Jedermann mitmachen darf. Dies bedeutet, dass das Wissen einerseits frei zur Verfügung steht, aber gleichzeitig alle Benutzer die Möglichkeit haben, sich zu beteiligen und Artikel zu verfassen, diese abzuändern oder zu ergänzen. Eine solche Tatsache wirft die Frage auf, ob man immer sicher sein kann, verlässliche Informationen zu erhalten.

Wie startet man den Suchvorgang?

Wähle über eine Linkliste die passende Seite zu deinem Thema aus. Oft findest du noch weitere Linktipps, wenn du auf eine Seite gestoßen bist, die sich mit deinem gesuchten Thema befasst.

Linktipps zu Suchmaschinen und Wissensportalen
- ✓ www.fragfinn.de
- ✓ www.blinde-kuh.de
- ✓ www.helles-koepfchen.de
- ✓ www.internet-abc.de/kinder/lernen-schule/hausaufgabenhelfer
- ✓ www.planet-wissen.de
- ✓ www.planet-schule.de
- ✓ www.seitenstark.de
- ✓ www.nachrichtenfuerkinder.de
- ✓ www.bpb.de/mediathek/

Linktipps zu Nachschlagewerken
- ✓ www.medienwerkstatt-online.de/lws_wissen/
- ✓ www.wissen.de
- ✓ www.rossipotti.de/inhalt/literaturlexikon.html/
- ✓ www.kindernetz.de/oli/tierlexikon/
- ✓ www.hanisauland.de/lexikon/
- ✓ www.religionen-entdecken.de/lexikon/startseite

Wie kann bei der Suche im Internet das beste Ergebnis erzielt werden?

Eine Suchmaschine kann nicht denken, daher ist es zuallererst wichtig zu wissen, wie der Suchbegriff richtig geschrieben wird. Man sollte sich passende Schlüsselbegriffe überlegen und niemals Sätze eingeben. Es kann manchmal weiterhelfen, sowohl Einzahl als auch Mehrzahl der Schlüsselbegriffe einzugeben. Wenn man den ersten Begriff in die Suchmaschine eingibt, erscheinen nicht gleich die gewünschten Informationen, sondern Links zu Seiten, auf denen die Informationen stehen könnten. Zudem gilt, dass die ersten Treffer nicht zwingend die Besten sind. Im Normalfall sieht man sich die Links in der Übersicht an, liest Titel und Beschreibung und klickt erst dann einen Link an. Ein skeptischer Blick und das Durchforsten und Vergleichen mehrerer Quellen erhöht die Wahrscheinlichkeit der Verwendung korrekter Informationen.
Ein Nachschlagewerk kann weiterhelfen, wenn man Informationen zu bestimmten Begriffen sucht oder deren Erläuterung benötigt, weil man sie nicht versteht.

Referate und Hausarbeiten pimpen? Vorsicht Urheberrecht!

Nicht alle Bilder und Materialien, die man im Internet findet, darf man für den Eigengebrauch nutzen, da sie dem Urheberrecht unterliegen und die Rechte beim Schöpfer des Werkes liegen. Falls man also für Referate und Hausarbeiten entsprechende Dinge sucht, die das ganze spannend und lebendig machen, muss man immer angeben, woher das Bild oder die Datei stammt (Quellenangabe). So ist man in jedem Fall auf der sicheren Seite. Unter *www.find-das-bild.de* findet man Medien, die frei in der Schule eingesetzt werden dürfen. Cliparts für die Schule kann man unter *www.wissenmitlinks.de/schuelerlexikon/clipart.php* suchen und finden. Zudem bietet die Mediathek der Bundeszentrale für politische Bildung reichlich Medien an, die ebenfalls frei verwendet werden dürfen. Zu guter Letzt bietet Wikimedia Commons eine große Sammlung von Dateien. Diese sind mit Copyright-Zeichen versehen, sodass man erkennen kann, für welche Zwecke sie verwendet werden dürfen.

(Symbol: durchgestrichenes ©) bedeutet, dass die Datei zur freien Verfügung steht

(cc) bedeutet, dass die Datei unter Angabe des Urhebers verwendet werden darf.

A2 Wähle dich auf Deutschlands ältester Suchmaschine für Kinder und Jugendliche ein (www.blinde-kuh.de). Finde heraus, was Amerigo Vespucci mit Christoph Kolumbus zu tun hatte. Gehe dazu wie folgt vor.

1. Gib den Suchbegriff „Kolumbus“ ein.
2. Gib den Suchbegriff „Christoph Kolumbus“ ein.
3. Gib den Suchbegriff „Christoph Kolumbus Amerigo Vespucci“ ein.
4. Gib den Suchbegriff „Kolumbus + Vespucci“ ein.

Welche Ergebnisse wurden jeweils geliefert und welche Schlussfolgerungen ziehst du daraus?

Europäisierung der Welt – Christoph Kolumbus und die Folgen für die „Wilden“

Folgen der Entdeckungsfahrten

Die Entdeckungsfahrten des hartnäckigen Visionärs Kolumbus und seiner Nachfolger brachten nicht für alle positive Effekte mit sich. Er verhalf durch seine Eroberungen, den christlichen Glauben in der Neuen Welt zu verbreiten und wertvolle Schätze nach Europa zu bringen. Doch von Anfang an stellen die Bewohner Mittelamerikas für ihn Untergebene dar und so begann er zunehmend mit der Ausbeutung der dort lebenden Menschen.

Welche Hochkulturen gab es bereits in der Neuen Welt? Was haben die großen Seefahrer mit Kolonialisierung, Missionierung und Sklaverei zu tun? Was bedeutet der Begriff „Conquista“? Was besagt der Vertrag von Tordesillas oder was beinhalten die Gesetze von Burgos? Wer oder was sind die Tainos? Wie viele Menschen starben innerhalb kürzester Zeit? Welche Folgen ergaben sich für die Neue und Alte Welt? Und was ist unter dem Begriff „Dreieckshandel“, zu verstehen?

A1 Entscheide dich für einen Teil der oben aufgeführten Fragen und recherchiere dazu im Internet. Notiere hier stichwortartig deine Ergebnisse. Du kannst auch die Adressen hilfreicher Internetseiten notieren, sodass du zu einem späteren Zeitpunkt darauf zurückgreifen kannst und gleichzeitig die Quellenangabe sichergestellt ist.

A2 Tausche dich nun mit einem Partner über gemeinsame Ergebnisse aus. Fasst die wichtigsten Erkenntnisse in einem Statement bestehend aus Text und Grafik zusammen. Verwendet hierzu das Textverarbeitungsprogramm auf eurem Computer.

LS 07 Aufbruch in die Neuzeit – Befreiung von Vorschriften und Verboten des Mittelalters

		Zeitrichtwert	Lernaktivitäten	Material	Kompetenzen
1	PL	5'	L gibt einen Überblick über den Ablauf der Stunde.		– konzentriert zuhören und einen emotionalen Zugang zu einem Thema finden – Bilder und Vorkenntnisse mobilisieren und sich bildlich vorstellen – einen Brief schreiben und sich in die Lage anderer Menschen versetzen – Feedback geben
2	PL	10'	L führt die Schüler mit einer Fantasiegeschichte zum Thema hin. S hören konzentriert zu und assoziieren Bilder in ihren Gedanken.	M1	
3	EA	20'	S schreiben einen Brief, in dem sie ihre Gedanken darlegen.		
4	PA	15'	S treffen sich in Tandems und lesen sich ihre Briefe wechselseitig vor.		
5	GA	20'	Zwei bis drei Tandems bilden eine Gruppe und wählen nach wiederholtem Vorlesen den aussagekräftigsten Brief.		
6	PL	15'	S lesen die ausgewählten Briefe vor. Zuhörer geben Feedback.		
7	PL	5'	S fassen den Inhalt der Stunde in einem lehrergelenkten Unterrichtsgespräch zusammen und stellen Korrelation her.		

✓ Merkposten

Musikanlage, CD mit leiser Musik und gegebenenfalls Decken, Kissen oder ähnliches für Arbeitsschritt 2 bereitstellen.

Tipp

Es empfiehlt sich, die Fantasiegeschichte zu Hause mehrmals vorzusprechen. Sehr authentisch wirkt es, wenn man als Lehrkraft einen stichwortartigen Leitfaden auf Moderationskarten festhält und diese zum Erzählen verwendet.

Zudem ist es sinnvoll, die Fantasiereise mit leiser Entspannungsmusik zu hinterlegen und dafür zu sorgen, dass Störungen vermieden werden (z. B. ein Schild an der Tür anbringen).

Erläuterungen zur Lernspirale

Ziel der Doppelstunde ist, dass die Schüler den Epochenwechsel vom Mittelalter zur Neuzeit charakterisieren können. Sie können seine Erscheinungsformen im Alltag der Menschen erläutern und durch das Schreiben eines Briefes die individuellen Bedürfnisse emotional nachempfinden.

Zum Ablauf im Einzelnen:
Im **1. Arbeitsschritt** gibt der Lehrer einen Überblick über den Ablauf der bevorstehenden Stunde.

Im **2. Arbeitsschritt** nehmen die Schüler eine möglichst entspannte Haltung ein, schließen die Augen und lassen sich durch die Fantasiegeschichte des Lehrers zum Thema hinführen.

Im **3. Arbeitsschritt** schreiben die Schüler zum Thema einen persönlichen Brief, in dem sie ihre Gedanken darlegen. Als Adressat empfiehlt sich der beste Freund oder die beste Freundin, da man mit dieser Person wohl die meisten und innigsten Geheimnisse teilt und sicher mehr Bereitschaft zeigt, seine Gefühle und Ideen zu offenbaren. Auch denkbar sind enge Familienmitglieder. Diese Phase verlangt eine gewisse Offenheit von Seiten des Lehrers gegenüber dem freien Assoziieren der Schüler, da man nie wissen kann, was sie für berichtenswert halten. Dennoch sollte darauf geachtet werden, dass beim Verfassen des Briefes individuelle Assoziationen und faktische Informationen zusammengebracht werden.

Im **4. Arbeitsschritt** bilden die Schüler Tandems und lesen sich wechselseitig ihre Briefe vor. Sie stellen Vergleiche an und sprechen darüber.

Im **5. Arbeitsschritt** treffen sich zwei bis drei Tandems zu einer Gruppe. Die Gruppenmitglieder lesen sich nochmals reihum ihre Briefe vor und wählen die Fassung aus, die ihnen am aussagekräftigsten erscheint.

Im **6. Arbeitsschritt** lesen die Urheber der ausgewählten Briefe ihre Versionen vor und spiegeln damit den Kenntnis- bzw. Bewusstseinsstand, von sich selbst, weitergehend aber auch von der Gruppe.

Im **7. Arbeitsschritt** wird in einem lehrergelenkten Unterrichtsgespräch der fachliche Inhalt der Stunde wiederholt und zusammengefasst. Die Schüler reflektieren ihren Lernzuwachs und stellen bestenfalls eine Korrelation zu sich selbst und der heutigen Lebenswelt her.

Notizen:

07 Aufbruch in die Neuzeit – Befreiung von Vorschriften und Verboten des Mittelalters

Eine Reise zum Mittelpunkt der Erde

Mach es dir bequem, sodass du dich nicht mehr bewegen musst.
Schließe deine Augen und spüre nach, wo du Kontakt zum Boden hast.
Fühle, wie die Erde deinen Körper trägt.
Konzentriere dich nun auf deine Atmung. Atme tief ein und wieder aus.
Verfolge deinen Atem und lasse ihn gleichmäßig fließen.
Mit jedem Atemzug wirst du entspannter und ruhiger.

Du liegst ganz flach und fest auf der Erde. Sie ist wohlig warm von der Sonne, die von oben auf dich herab strahlt. Du fühlst die Wärme.
Du tauchst tief in das weiche, grüne Gras ein, wie ein Schwimmer, der mit dem Kopf voran ins Wasser sticht. Du schwimmst an Käfern, Ameisen, Schlangen und anderen Krabbeltieren vorbei. Immer schneller und tiefer bohrst du dich tiefer in die Erde hinein, durch dicke harte Felsschichten hindurch, vorbei an lockeren Felsschichten, von denen man kleine Stückchen abbrechen kann, weiter zu Steinschichten,
in welche die Skelette von uralten Schnecken eingedrückt sind – versteinerte Spuren von einem Leben lange vor unserer Zeit.
Weiter und immer weiter, drehst du dich wie ein Bohrer durch die Gesteinsschichten, tiefer und tiefer.

Dir wird plötzlich ganz warm, Schweißperlen bilden sich auf deiner Stirn. Puh, ganz schön heiß hier, das hält man ja kaum aus. Schnell weiter, vorbei an Lavafontänen, kochend heißem Gestein, durch das Erdreich unter den Meeren bis zum Mittelpunkt der Erde.
Und dann – einmal hindurch – wo bist du nur gelandet?
Du drehst dich weiter und „BANG!" kommst genau auf der anderen Seite der Erde wieder aus dem Erdreich heraus. Meine Güte, was war das denn für ein Traum? Und wie kann das alles sein?

Kehre langsam auf die Wiese zurück und lasse deinen Atem ruhig und bewusst werden. Erhole dich kurz von deiner wilden Reise zum Mittelpunkt der Erde ...

Selbstverständlich hattest du in Europa schon längst von Ländern weit hinter den Ozeanen gehört und dank der Seekarten, die die großen Entdecker von ihren Fahrten über das Meer mitbrachten, wusstest du, dass es Zeit war, in der Wissenschaft voranzukommen. Welche Form hat denn nun die Erde – eine Scheibe oder eine Kugel? Es kann doch nicht sein, dass man viele Sterne nur zu bestimmten Jahreszeiten sehen kann! Die Erdoberfläche muss gekrümmt sein. Wir Forscher streiten uns hier heftig und je nachdem welcher Meinung man angehört, hat man ganz schön zu kämpfen.
Neue Erkenntnisse und Erfindungen sollen her.
Die Zeit des Mittelalters muss vorbei sein.
Vorbei mit Vorschriften und Verboten!
Vorbei mit engstirnigen Gedanken!
Die vielen Krankheiten des Mittelalters soll man endlich erforschen!
Alles soll hübscher, edler, befreiter und gelassener sein!
Unsere Natur schenkt uns so viele Schätze, wir müssen sie erkennen und nutzen!
Damals im alten Rom und Griechenland, da wussten die großen Gelehrten und Philosophen schon, wie wichtig es ist, das Individuum und die Freiheiten des Menschen ins Zentrum zu stellen.

Was denkst du denn darüber?
Ist es wichtig, als Mensch in Freiheit und Selbständigkeit zu leben?
Wozu braucht man ein gesundes Selbstbewusstsein? Warum mehren sich die Klagen meiner Zeitgenossen über zahlreiche Missstände? Wie und was soll besser werden?

Atme tief durch und spüre deinen Körper.
Strecke dich in alle Richtungen.
Spann deinen Körper an, kreise Hände und Füße.
Atme noch einmal tief durch und rekele dich.
Sobald du bereit bist, öffne die Augen und kehre zurück.

LS 08 Das Weltbild im Wandel – neue Wege, neue Ideen, neuer Glaube

		Zeitrichtwert	Lernaktivitäten	Material	Kompetenzen
1	PL	5'	L gibt einen Überblick über den Ablauf der Stunde.		– Thesenpapier lesen und einschätzen – eine Meinung zu einem Thema entwickeln und vertreten – Argumentationsstränge nachvollziehen und akzeptieren – Informationen mit wechselnden Partnern austauschen – Fragen zu einem Thema entwickeln
2	EA	15'	S lesen Thesenpapier und schätzen die Thesen ein.	M1.A1–A2	
3	PL	15'	S markieren mittels Klebepunkten ihre Voten auf einem großen Thesenpapier.	Klebepunkte	
4	PA	15'	S tauschen sich in Tandems über ihre Voten aus.		
5	GA	30'	S vertiefen ihre Meinungsbildung und verschriftlichen ein Statement zu einer zugelosten These.	Karteikarten	
6	PL	15'	Ausgeloste Gruppenmitglieder präsentieren und vertreten ihre These.		
7	HA		S bearbeiten Sachtext „Aufständische Bauern".	M2.A1–A2	
8	PA	15'	S tauschen sich über Inhalt des Sachtextes im Doppelkreis aus und beseitigen Unklarheiten.		
9	EA	20'	S erstellen Spickzettel.	Karteikarten	
10	PA	25'	S präsentieren ihre Spickzettel im Doppelkreis und erstellen mit einem Tandempartner Fragen.	Karteikarten	
11	PL	25'	S spielen ein Abschlussquiz unter Anleitung des L.		

Erläuterungen zur Lernspirale

Ziel der Einheit ist, dass die Schüler Motive der lutherischen Reformation und deren Geschehnisse als Umbruch charakterisieren können. Hierzu analysieren sie Thesen und Meinungen zum Streit um Glauben und Gerechtigkeit. Es ist davon auszugehen, dass die Schüler bereits in der Grundschule von Martin Luther und seiner Reformation gehört haben, so dient diese Lernspirale dazu, das Vorwissen mittels stimulierender Thesen an die Oberfläche zu bringen.

Zum Ablauf im Einzelnen:
Im **1. Arbeitsschritt** gibt der Lehrer einen Überblick über den Ablauf der bevorstehenden Stunde.

Im **2. Arbeitsschritt** erhalten die Schüler ein Arbeitsblatt mit verschiedenen Thesen und Meinungen zum Streit um Glauben und Gerechtigkeit zur Zeit Martin Luthers. Sie sondieren die einzelnen Thesen, indem sie sie in einem ersten Schritt lesen. Sie kreuzen auf einer Skala an, inwieweit sie den Thesen zustimmen und begründen ihre Auswahl schriftlich.

Im **3. Arbeitsschritt** markieren die Schüler ihre Voten mittels Klebepunkten auf einem übersichtlichen gemeinschaftlichen Thesenplakat.

Im **4. Arbeitsschritt** tauschen sich die Schüler in Zufallstandems über die einzelnen Thesen aus, um dann im nächsten Schritt über die verschiedenen Voten und Meinungen zu diskutieren.

Im **5. Arbeitsschritt** treffen sich die Schüler zur Vertiefung ihrer Meinungsbildung. Die Schüler argumentieren reihum in neu formierten Gruppen und diskutieren ihre Meinungsverschiedenheiten. Sie erstellen weiterführend gemeinsam zu einer ihnen zugewiesenen These ein differenziertes Statement.

Im **6. Arbeitsschritt** präsentieren ausgeloste Gruppenmitglieder ihre These. Sie argumentieren dazu und stellen sich etwaigen Einwänden der Mitschüler.

Im **7. Arbeitsschritt** erarbeiten die Schüler als Hausaufgabe M2. Sie bereiten sich zum Thema Bauernkrieg intensiv vor.

Im **8. Arbeitsschritt** greifen die Schüler auf die vorbereitete Hausaufgabe zurück und tauschen sich über Unklarheiten und Schlüsselbegriffe im Doppelkreis aus.

Im **9. Arbeitsschritt** erstellen die Schüler Spickzettel, um sie später erneut im Doppelkreis zu präsentieren.

Im **10. Arbeitsschritt** präsentieren die Schüler ihre Spickzettel im Doppelkreis. Daraufhin formulieren Tandempartner, die sich aus dem rotierenden Doppelkreis ergeben, Fragen für ein abschließendes Quiz.

Im **11. Arbeitsschritt** führt der Lehrer das Quiz durch.

✓ Merkposten

Thesenpapier für Arbeitsschritt 3 vorbereiten.

Karteikarten für Arbeitsschritt 5, Arbeitsschritt 9 und Arbeitsschritt 10 in ausreichender Menge zur Verfügung stellen.

Tipp

Die Zeit nach der Sollbruchstelle ist auf 80 Minuten berechnet, da davon auszugehen ist, dass der Lehrer zu Beginn der Doppelstunden nochmals Zeit benötigt, um zum Thema hinzuführen und den Fortlauf der Lernspirale zu erläutern.

08 Das Weltbild im Wandel – neue Wege, neue Ideen, neuer Glaube

A1 Lies die Texte. Markiere anschließend, inwieweit du den Aussagen zustimmst oder sie nachvollziehen kannst. Erstelle hierzu eine Art Rangfolge, indem du beispielsweise Zahlen notierst.

Streit um Glaube und Gerechtigkeit

Viele Menschen müssen große Ängste durchleben, weil sie nicht wissen, ob nach dem Tod der Himmel oder die Hölle auf sie wartet. Wie kann es sein, dass die katholische Kirche mit dem Papst als Oberhaupt darüber zu entscheiden hat? Es ist Quatsch zu denken, dass man allein durch Buße die Gnade Gottes erlangen kann! Auch der Papst kann sich irren, er ist auch nur ein Mensch.

Der Papst in Rom und die Heilige Schrift haben zu bestimmen, was der wahre Glaube ist, denn nur er weiß, die Bibel richtig auszulegen, schließlich ist er der Stellvertreter Gottes hier auf Erden. Wenn der Papst sagt, der Ablasshandel ist korrekt, dann kann das ein Christenmensch ruhig glauben.

Die katholische Kirche lebt voller Habgier im luxuriösen Reichtum und hat große Macht. Selbst Mönche und Nonnen leben in Saus und Braus, während die gläubige Mehrheit des Volkes Hunger und Krankheit erleidet. Besonders die Bauern leben ein mühsames Leben in großer Armut. Den Papst in Rom scheint das wenig zu interessieren!

Kein Christ soll gezwungen werden etwas zu glauben, was nicht in der Bibel niedergeschrieben ist. Der Glaube an das Evangelium ist entscheidend! Alles Beten, Almosen geben und Fasten bringt nichts ohne jeglichen Glauben an Vater, Sohn und Heiligen Geist.

„Sobald das Geld im Kasten klingt, die Seele aus dem Feuer in den Himmel springt!" Ablasshandel? Das ist ja die größte Frechheit, von der ich je gehört habe. Jetzt soll ich mich vor Gott freikaufen können, indem ich beim Dominikanermönch Tetzel einen Ablasszettel kaufe und damit meine Sünden und Kirchenstrafen, die mir auferlegt wurden, vergessen sind. Wo steht das denn in der Bibel? Und wer kassiert die Kohle? Natürlich, die Kirche in Rom.

Der Papst kümmert sich doch nur um sein eigenes Wohlergehen. Es muss gebrochen werden mit der mittelalterlichen Vorstellung von Kirche und Glaube.

A2 Begründe deine Auswahl in vollständigen Sätzen.

____

____

____

____

____

A1 Lies den Text und markiere nach den bekannten Regeln und Tipps. Verwende ein Notizblatt für Fragen und Gedanken.

Aufständische Bauern – Der Bauernkrieg 1524/1525

Luthers Thesen verbreiteten sich dank Gutenbergs Erfindung des Buchdrucks rasch in ganz Deutschland. Eine Reformation (lateinisch: Erneuerung) war ausgebrochen und immer mehr Menschen folgten der Auffassung Luthers. Sein Gedanke einer Erneuerung der Kirche führte schließlich zur Spaltung der christlichen Kirche in zwei Konfessionen (lateinisch: Glaubensgemeinschaften) – die evangelische und die katholische Kirche.
Auch wenn Luthers Ideen sicherlich dazu führten, dass die Bauernrevolte durch seine Reformation neuen Aufwind bekam und er durchaus zu Beginn auch unterstützte, dass die Bauern sich gegen ihre Grundherren auflehnten, so waren Raub und Plünderei keineswegs in seinem christlich geprägten Sinne. Die Bauern nahmen seine Schrift „Freiheit eines Christenmenschen" wortwörtlich und fühlten sich dadurch zu einer radikalen Auflehnung ermuntert.
Schon zuvor hatte es in Deutschland regional begrenzte Bauernrevolten gegeben. In den Jahren 1524/1525 führten die Aufstände schließlich zu einem großen Deutschen Bauernkrieg, welcher das Gebiet vom Elsass bis Tirol, Franken, Sachsen und Thüringen umfasste. Die Forderungen im Allgemeinen waren nicht neu, allerdings beriefen die Bauern sich nun auch auf das Evangelium. Im Februar 1525 schrieben die Vertreter von Bauernschaften in Memmingen ihre Forderungen in 12 Artikeln nieder.

In Teilen versuchten die Bauern, ihre Ziele durch Verhandlungen zu erreichen, doch die meisten griffen wie bereits erwähnt zu Plünderei und anderen Gräueltaten. Leider mussten die Bauern schließlich eine blutige Niederlage gegen die Fürstenheere einfahren, Zehntausende wurden getötet. Das Fürstentum ging siegreich aus dem Kampf hervor, die Bauern waren für lange Zeit kein politischer Faktor mehr.

A2 Suche auf YouTube® nach dem Begriff „Die Zwölf Artikel – Der Bauernkrieg" und sieh dir dazu den animierten Kurzfilm an.

Lerneinheit 1: Mittelalter

LS 01.M1 **S. 6–7**

Seid gegrüßt edle Leserschaft

A1 + A2

Z 2: ~~vor 100~~/1000 Jahr, Z 4: ~~afrikanischen~~/europäischen Geschichte, Z 9: ~~Indien~~/Amerika entdeckte, Z 11: ~~klassizistischen~~/gotischen Baustil, Z 13: ~~Zylinderhut~~/Bischofsmütze, Z 14: ~~Kaufleute~~/Ritter, Z 15: ~~Hochhäuser und Einkaufszentren~~/Burgen und Schlösser, Z 22: ~~Bauern~~/Könige, Z 25: ~~so konnten wenigstens alle Kinder in die Schule~~/die nur den Klosterschülern vorbehalten waren, Z 29: ~~Karl der Kleine~~/Karl der Große, Z 36: ~~Kalbe~~/Pferde, Z 40: ~~Könige~~/Bauern, Z 54: ~~Dörfern~~/Städten, Z 61: ~~von deutschen Männern, die Hans hießen~~/Fernkaufleuten, Z 67: ~~fernen Amerika~~/Orient, Z 71: ~~Asien~~/Amerika entdeckt

LS 01.M3 **S. 9**

A1

LS 01.M4 **S. 10**

1. Lies den Text erst einmal in Ruhe durch, damit du weißt, um was es geht.
2. Lies dir das noch Unterstrichene nochmals durch und hebe nur die allerwichtigsten Begriffe mit dem Textmarker hervor.
3. Unterstreiche zuerst wichtige Stellen mit Bleistift, denn dann kannst du immer noch etwas ändern.
4. Schreibe deine Schlüsselbegriffe auf einen Zettel und schaue nach, ob du mit ihrer Hilfe den Text nacherzählen kannst.
5. Wenige zusätzliche Informationen, die deine Schlüssebegriffe erklären, darfst du mit einem dünnen Farbstift unterstreichen.
6. Lege dir ein Lineal, einen Bleistift, Radiergummi, Textmarker, dünnen Farbstift und einen Zettel auf deinen Arbeitstisch

LS 04.M1 **S. 21**

A2

Eine Dreifelderwirtschaft ermöglicht das Ausruhen und Erholen nicht bewirtschafteter Fläche. Dadurch erhöht sich der Ertrag im Folgejahr und es verlängert sich der Zeitraum des Fruchtwechsels.

LS 05.M2 **S. 32**

A1

Jeder denkt beim Thema Mittelalter an Ritter und Burgen, doch wissen wenige, wie man Ritter wurde. Es war nämlich so, dass nicht jeder Ritter werden konnte. Dies war meist nur dann möglich, wenn schon der Vater ein Ritter ist oder gewesen war. Die Ausbildung dauerte insgesamt 14 Jahre. Mit etwa sieben Jahren kam der Sohn eines Ritters auf die Burg eines Adeligen, um dort als Page zu arbeiten. Oft waren dies Verwandte oder Bekannte des Vaters. Als Page musste er die Burgherrin bedienen, höfliche Sitten üben und lernte in der Klosterschule lesen, schreiben und rechnen. Er wurde von der Burgherrin erzogen und lernte, wie man sich anderen gegenüber verhält, den höfischen Tanz ausübt oder auch Schach spielt. Zudem übte er sich in schwimmen, jagen und reiten und im Umgang mit dem Schwert, dem Bogen und der Lanze. Nach sieben Jahren wurde er Knappe, bekam ein Kurzschwert und diente nun einem Ritter. Er plante die Reisen des Ritters, begleitete ihn in Schlachten, reichte ihm die Waffen an und half ihm, wenn er in Gefahr war oder auf dem Schlachtfeld verletzt wurde. Dies war notwendig, weil der Ritter sich in seiner Rüstung kaum bewegen konnte und dadurch fast hilflos war, wenn er beispielsweise vom Pferd fiel und nicht mehr fest im Sattel saß. Falls er sich ausreichend bewährt hatte, erhielt ein Knappe nach weiteren sieben Jahren die Schwertleite. Dies bedeutet, dass ihm ein Schild überreicht und ein Langschwert umgegurtet wurde und er einen leichten Schlag mit dem Schwert auf die Schulter bekam. Jetzt war er ein Ritter und musste sich an die ritterlichen Tugenden halten. Er musste dem König treu dienen, die Schwachen beschützen und bei Krieg tapfer in die Schlacht ziehen und seinen König unterstützen. Falls kein Krieg war, trainierte er für die nächste Schlacht in sogenannten Ritterturnierren.

LS 06.M10 **S. 40**

A

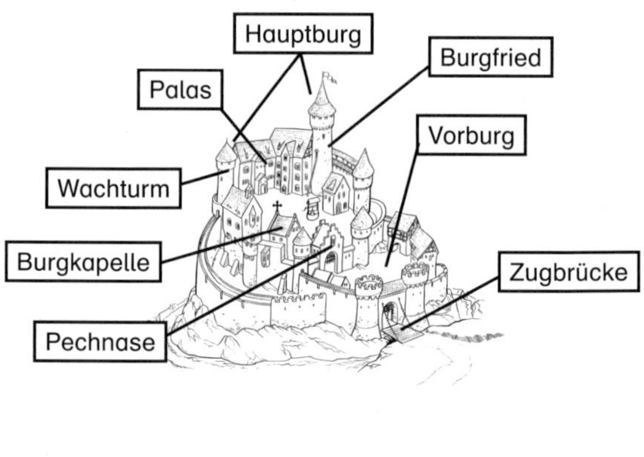

Lerneinheit 2: Entdecker und Eroberer

LS 01.M3 **S. 50**

A

1. Der Kartentitel gibt Auskunft über das Zeitalter und das Thema.
2. Die Legende gibt Auskunft über die Bedeutung von Zeichen wie Pfeilen oder Punkten, die in der Karte eingezeichnet sind. Zudem kannst du in der Legende die Bedeutung verschiedener Farben oder Schraffierungen von Flächen nachlesen.
3. Die Maßstabsleiste gibt Auskunft über Entfernungen in der Karte beziehungsweise, wie stark die Karte gegenüber der Wirklichkeit verkleinert ist.
4. Die Beschriftung der Karte enthält wichtige Namen. Zum Beispiel die Namen von Ländern, Städten oder Volksgruppen. Sollten dir unbekannte Wörter dabei sein, schreibe sie heraus und schlage sie nach.
5. Die Flächenfarben oder Schraffuren markieren größere zusammenhängende Gebiete. So werden oft auch Ausbreitungen von Reichen in der selben Farbe, aber beispielsweise einmal als Flächenfarbe und die Eroberungen dann als Schraffur, dargestellt.

LS 02.M2 **S. 55**

A

1 	3 
2 	5 
4 	6 

LS 04.M4 **S. 65**

A2

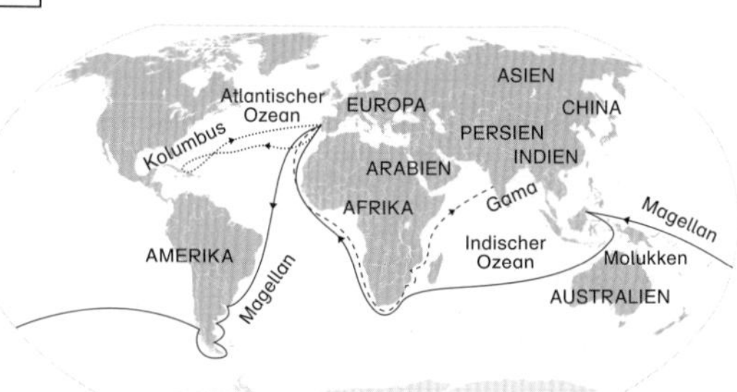

LS 04.M5 **S. 66**

A

1. Einen Überblick über die formalen Merkmale verschaffen: Zuerst muss das in der Karte behandelte Thema bzw. der Titel festgestellt werden. Meist kann man dies anhand der Kartenunterschrift ablesen.. Zudem gilt es herauszufinden, welche Symbole verwendet wurden und was diese bedeuten. Liegt eine Legende vor?
2. Den Karteninhalt in den geografischen Raum einordnen: Zeigt die Karte einen Ausschnitt? Wie ist die Lage im Land oder Kontinent? Oder zeigt die Karte gar die ganze Welt? Zudem gilt es, den Maßstab der Karte zu verstehen.
3. Die Karte interpretieren: Sollte eine bestimmte Frage vorliegen, kann man diese mithilfe der Karte beantworten. Falls nicht, wird an dieser Stelle herausgefunden, was die Karte an Informationen hergibt. Welche weiteren Details kannst du in der Karte erkennen? Gibt es beispielsweise besonders auffällige oder hervorgehobene Stellen in der Karte? Sind bestimmte Bereiche schraffiert oder sind Wege in die Karte eingezeichnet? In welcher Verbindung stehen all diese Informationen zueinander und welche Rückschlüsse kannst du daraus ziehen?

LS 05.M2 **S. 70**

A1

1. Betrachte das Bild einige Minuten in Ruhe. Achte dabei auf den Vordergrund und wandere Stück für Stück über den Mittelgrund zum Hintergrund. Was ist abgebildet?
2. Hat das Bild eine Unterschrift? Finde heraus, wann das dargestellte Geschehen stattgefunden hat.
3. Ist das Bild gemalt oder eine Fotografie? Handelt es sich um eine zeitgenössische Darstellung oder um ein später entstandenes Bild?
4. Welche Besonderheiten kannst du erkennen? Welche Gegenstände, Handlungen oder Personen stehen im Mittelpunkt des Bildes?
5. Welche Details kannst du erkennen? Beschreibe das Bild systematisch und stelle Zusammenhänge zwischen den Einzelheiten, die du im Bild entdeckst, her! Welche Handlungen sind dargestellt? Welche Personen sind zu erkennen?
6. Beachte bei der Beschreibung eine Reihenfolge: Sprich nacheinander über die verschiedenen Inhalte, die im Bild dargstellt sind oder beschreibe zum Beispiel zuerst den Vordergrund, den Mittelgrund und dann den Hintergrund von links nach rechts.
7. Beschreibe die Stimmung des Bildes? Falls das Bild später entstanden ist, solltest du dich über die Absicht des Künstlers informieren. Welche Meinung hat er zu dem dargestellten Ereignis?

Arbeitsteilige Gruppenarbeit: Die Klasse wird in mehrere Gruppen mit unterschiedlichen Arbeitsaufträgen und/oder Materialien aufgeteilt. Das arbeitsteilige Vorgehen kann themengleich oder themendifferenziert angesetzt werden.

Blitzlicht (auch Blitz- oder Blitzlichtrunde): Die Schüler äußern sich in Kurzform zu einem bestimmten Thema/Reizwort/Problem. Sie äußern Assoziationen oder bringen Erfahrungen, Meinungen bzw. Vorwissen ein. Die Äußerungen sind knapp, spontan und werden nicht weiter kommentiert.

Cluster/Clustering: Begriffe werden auf Kärtchen geschrieben und an der Pinnwand/Tafel so geordnet bzw. verknüpft, dass sich Begriffsgruppen ergeben (= Cluster).

Doppelkreis (auch Kugellager): Die Schüler sitzen oder stehen sich in einem Innen- und Außenkreis paarweise gegenüber und halten sich wechselseitig Vorträge, führen Interviews etc. Die Hälfte der Klasse ist also mündlich aktiv.

Einzelarbeit (EA): Die Schüler sind bei der Bearbeitung des jeweiligen Arbeitsauftrags auf sich alleine gestellt und gehen in Stillarbeit daran, bestimmte Aufgaben zu lösen.

Expertengruppe: Dieser Begriff ist doppeldeutig: Von einer Expertengruppe kann zum einen dann die Rede sein, wenn alle Gruppenmitglieder parallel am gleichen Thema arbeiten und diesbezüglich zu Experten werden (siehe auch Stammgruppe), eine Expertengruppe liegt aber auch dann vor, wenn die einzelnen Gruppenmitglieder Spezialisten für unterschiedliche Gebiete sind (siehe auch Mischgruppe).

Gruppenarbeit (GA): Die Schüler arbeiten in Kleingruppen mit in der Regel 3-5 Mitgliedern zusammen. Die Gruppenarbeit kann aufgabengleich oder aufgabendifferenziert angelegt sein.

Lehrervortrag: Die Lehrkraft präsentiert/erläutert lernrelevante Sachverhalte an der Tafel oder in anderer Weise im Plenum. Damit wird den Schülern „Futter" für die Eigenarbeit gegeben.

Losverfahren: Die Schüler werden nach dem Zufallsprinzip gruppiert. Das kann durch Abzählen, Nummern auf Arbeitsblättern oder durch Ziehen von Spielkarten, Puzzleteilen, Symbolkarten, Namenskarten etc. geschehen.

Mischgruppen: Die Mitglieder unterschiedlicher Stammgruppen werden quer gemischt, sodass sich in jeder Mischgruppe mindestens ein Vertreter aller Stammgruppen findet (siehe auch Gruppenpuzzle sowie Querschnittsgruppe)

Museumsrundgang: Die Schüler sichten alleine oder in Gruppen die im Klassenraum aushängenden bzw. ausliegenden Lernprodukte, holen Informationen ein und besprechen etwaige Unklarheiten.

Partnerarbeit (PA): Die Schüler arbeiten paarweise zusammen und berichten, helfen und unterstützen sich gegenseitig.

Plenum (PL): Arbeitsphasen, in denen die Gesamtgruppe der Schüler angesprochen wird – durch Lehrervorträge, lehrergelenkte Unterrichtsgespräche oder Schülerpräsentationen.

Spickzettel: DIN-A7-Kärtchen, auf dem sich ein Schüler das Wichtigste zu einem bestimmten Thema stichwortartig notiert. Die Zahl der Wörter kann z. B. auf 10 begrenzt werden; Skizzen, Symbole und andere grafische Elemente können hinzukommen. Der Spickzettel sollte gut strukturiert sein und dient z. B. als Lernhilfe oder als Gedächtnisstütze bei Präsentationen.

Stammgruppe: Schülergruppe, die arbeitsgleich an einem bestimmten Arbeitsauftrag arbeitet.

Zufallsgruppe/Zufallstandem: Gruppen- bzw. Tandembildung mittels Abzählen, Spielkarten, Puzzlebildung, Namenskärtchen oder anderen Formen des Losverfahrens.

Zufallsprinzip: Grundsatz, dass bei der Gruppenbildung oder bei der Auswahl von Präsentatoren auf den Zufall gesetzt und ausgelost wird.

Weitere Begrifflichkeiten finden Sie im Internet unter www.klippert-medien.de/glossar